W0415038

MALLORCA GANZ PRIVAT

Fotograf und Autorinnen möchten Dr. Tania Lehmann, München, Antonio Muntaner, Santanyí, Jean-Paul Carmona, Port de Pollença, und Julia Degen, München, für ihre freundschaftliche Hilfe bei den Recherchen zu diesem Buch danken.

© 1999 by Nicolaische Verlagsbuchhandlung Beuermann GmbH, Berlin
Konzeption der Interieur-Reihe: Elisabeth Knoll
Lektorat: Antje Heer, Berlin
Grafische Gestaltung: Pauline Schimmelpenninck, München
Satz und Repro: Mega-Satz-Service, Berlin
Druck: Aumüller, Regensburg
Bindung: Kunst- und Verlagsbuchbinderei Leipzig, Leipzig
Alle Rechte vorbehalten
Printed in Germany
ISBN 3-87584-806-3

CHARLOTTE SEELING
RETO GUNTLI
CARINA LANDAU

MALLORCA GANZ PRIVAT

nicolai

INHALT

VORWORT

Mallorca privat – gibt es das überhaupt? Ist diese Insel nicht längst zum Allgemeingut geworden, ein überlaufenes Paradies ohne Geheimnis? Schließlich wird die begehrte Schöne schon seit mehr als zweitausend Jahren belagert, erobert und in Besitz genommen, zunächst von den Griechen, dann kamen die Römer, die Vandalen, die Araber – und zuletzt die Touristen. Man könnte es das Wunder von Mallorca nennen, daß die Insel trotz dieses Ansturms immer ihr Eigenleben bewahrt hat. Mehr noch: Wer länger als nur für ein paar Urlaubstage bleibt, der nimmt den ruhigen Rhythmus der ›isla de la calma‹ auf und lernt, was den wirklichen Reiz Mallorcas ausmacht: daß hier jeder privat sein kann. Dafür sorgt mittlerweile sogar die Regierung, die immer weniger Flächen zur Urbanisation freigibt und in ländlichen Gebieten für jede Finca eine Grundstücksgröße von mindestens fünfzehntausend Quadratmetern vorschreibt.

Bei aller Gastfreundschaft suchen die Mallorquiner nämlich nicht das Miteinander, sie üben sich lieber im toleranten Nebeneinander. Und genau das gibt allen genügend Freiheit, sich zu entfalten. Das zieht besonders Künstler an, und alle anderen werden mindestens zu Lebenskünstlern. Auffallend viele Menschen entwickeln erst auf Mallorca ein Talent zum Bauen, Gestalten und Einrichten. Deshalb ist es interessant, einen Blick in die verschiedensten Häuser zu werfen, von der Fischerhütte bis zur Finca. Nur so bekommt man ein Gefühl dafür, wie wichtig jedem auf Mallorca Ansässigen das eigene Heim ist. Wer hier lebt, und sei es nur für einige Wochen im Jahr, liebt seine Privatsphäre und stattet sie mit den Dingen aus, die ihm am liebsten und wichtigsten sind. Im allgemeinen haben nur gute Freunde Zutritt. Mit diesem Buch jedoch wird es für jeden möglich, Ideen und Anregungen aufzunehmen, mit denen sich auch in von der Sonne weniger verwöhnten Ländern ein mediterranes Ambiente kreieren läßt.

HUNDERT BUCHTEN
UND HEITERE GÄRTEN

ZWEI ZIMMER MIT AUSSICHT

Auf Mallorca ist es Tradition, die ›wertlosen‹ Besitztümer in der Küstengegend dem jüngsten Kind zu vererben, während der Hauptwohnsitz der Familie im Innern des Landes schon immer dem ältesten zustand. So kommt es, daß viele der vermeintlich benachteiligten Letztgeborenen ihrem Schicksal in jüngster Zeit sehr dankbar sein konnten, denn die Küstengebiete sind bei Käufern aus dem Ausland natürlich besonders beliebt, was die Preise rasant in die Höhe getrieben hat.

Einer dieser unverhofften Glückspilze unter den Erben ist Antonio Muntaner, den alle Toni nennen. Nicht daß er vorhätte, sein kleines Strandhaus mit dem atemberaubenden Ausblick auf die Bucht Cala Llombards zu verkaufen. Denn obgleich er oft voller Stolz verkündet, daß er ein echter Mallorquiner ist, so weiß er doch mit der einen oder anderen überholten Tradition zu brechen. Und Toni, einem weitgereisten Mann, ist inzwischen klar, daß sein Vater ihm ein Juwel hinterlassen hat, auch wenn die Schwestern die weitaus größeren Landgüter der Familie geerbt haben. Voller Begeisterung nutzt er jede erdenkliche Gelegenheit, um in die Cala Llombards zu fahren und dort Freunde mit einem improvisierten Picknick zu bewirten. Und wer je das Glück hatte dabeizusein, der kann Tonis Liebe zu diesem Ort gut verstehen. Ein Blick auf das leuchtend türkisfarbene Meer, das unterhalb der Terrasse friedlich glitzert, ein tiefer Atemzug der Stille – und alle Strapazen des modernen Lebens sind vergessen.

Dieser wohltuende Effekt von Sonne und Meeresluft war es wohl auch, der einen Freund von Tonis Großvater vor zirka hundert Jahren dazu bewogen hat, diesem das Grundstück zu schenken, um dort seine chronisch kranke Tochter kurieren zu können. Nachdem der Großvater das Haus gebaut hatte, verbrachte Tonis Tante jeden Sommer zwei bis drei Monate in der Bucht und erholte sich prächtig.

Dennoch wäre es unzulänglich, den Zauber dieses Ortes nur auf die idyllische Lage zurückzuführen. Das Haus selber, bestehend aus nur zwei Räumen, ist nicht minder romantisch mit seinen arabisch anmutenden Torbögen, seinen phantasievoll geschnitzten Fensterläden und der inzwischen verwitterten blauen Türe, die sich seit neunzig Jahren zum Meer hin öffnet. Nach wie vor gibt es hier keine Elektrizität und kaum einen überflüssigen Gegenstand – nicht mal eine Toilettentüre ... Zwei Kochfelder, die aus einer Gasflasche gespeist werden, und fließend Wasser dürften die einzig wesentlichen Veränderungen sein, seit die Tante ihre Sommer hier verbrachte. Und auch das Sitting-Bull-Poster, das er während seiner Hippie-Zeit in Amsterdam gekauft hat, will Toni für immer an seinem Stammplatz lassen, mit ›Blick aufs Meer‹.

Das ist eine Ehre, die Toni sich selbst nicht immer zuteil werden läßt. Wenn seine vielen Freunde aus aller Welt eine Unterkunft brauchen, so läßt er sie ohne Zögern hier übernachten, was manchmal dazu führt, daß er selbst im nahegelegenen Waldstück zelten muß. All dies erzählt er mit solch fröhlicher Gelassenheit, daß plötzlich klar wird, was den besonderen Charme des kleinen Hauses vollendet: die Großzügigkeit seines Besitzers.

Tonis winziges Strandhaus ist nur mit einem Minimum an Komfort ausgestattet und dennoch – oder gerade deswegen – einladender als so mancher Prunkpalast

Nächste Doppelseite: Den sensationellen Blick auf die Bucht von Llombards haben schon viele Besucher genossen. Zum nahegelegenen Sandstrand führt ein steiler Weg hinab

Die geschnitzten Fensterläden sind die künstlerische Hinterlassenschaft eines Freundes, der hier Zuflucht gefunden hatte. An andere Besucher erinnern vergessene Strohhüte

Rechte Seite: Die verwitterte Tür stammt noch von Tonis Großvater, der das Haus an diesem malerischen Platz für seine kranke Tochter erbaute

Im Garten hat Toni sich ein kleines Atelier geschaffen, in dem er aus Treibholz Bilderrahmen und Skulpturen kreiert

LEBENS-KUNST

In Tonis Hauptwohnsitz in Santanyí, einem Haus aus dem siebzehnten Jahrhundert, das zugleich als Laden für fernöstliches Kunsthandwerk dient, herrscht eine ebenso ruhige und herzliche Atmosphäre wie in Cala Llombards. Doch das ist auch schon die einzige Gemeinsamkeit.

Kaum durchschreitet man die eisenvergitterte Glastüre in der unscheinbaren Fassade, umfängt einen der würzige Duft von Eukalyptusblättern, die auf einem kleinen gußeisernen Ofen vor sich hin kokeln. Wie in Ali Babas Höhle türmen sich in den gelb gestrichenen Wölbungen des Eingangsbereichs die Schätze aus aller Welt: altrömische, spanische und chinesische Amphoren und Terrakottagefäße, Möbel aus Bali, Indien und Mallorca, alte türkische Kelims und steinerne Tantra-Eier aus Indien, die ihre Form dadurch erhalten haben, daß sie jahrzehntelang in einem Loch im Flußbett eingeklemmt um die eigene Achse geschleudert worden sind – nun gelten sie als magische Objekte. Mit unermüdlicher Begeisterung zeigt der Hausherr weitere Kostbarkeiten, die er von seinen vielen Reisen mitgebracht hat, wie handbestickte Täschchen für die Aussteuer aus Afghanistan, Kissen der Toraha aus Sulawesi oder aufgetrennte Gewänder aus Sumatra, die er rahmt und wie Kunstwerke aufhängt, was sie für ihn auch sind.

So scheinen die Grenzen zu Tonis größter Leidenschaft, der Kunst, hier ebenso fließend zu sein wie die zwischen Laden und Wohnhaus, zwischen unverkäuflichem Privatbesitz und Ware. Seine Sammlung von hauptsächlich auf Mallorca lebenden oder hier geborenen Künstlern, mit denen er in den meisten Fällen auch befreundet ist, bildet eine erstaunlich gelungene Einheit mit all den exotischen Gegenständen, die er hortet. Selbst die leuchtend blau und gelb gestrichenen Deckenbalken im Wohnbereich wirken seltsamerweise nicht wie Ausrutscher, sondern runden den ansonsten in sanften Farbtönen gehaltenen Gesamteindruck harmonisch ab.

Der Garten, eine kleine Oase inmitten der Stadt, führt dieses Schema fort. Umgeben von weiteren Terrakottagefäßen, in denen pink-bordeaux gesprenkelte Geranien mit gelben und lila Freesien um die Wette blühen, befindet sich eine mit Grünspan überzogene Schlangenplastik von Ben Jakober, um die sich Kieselsteine in allen Größen und Formen scharen. Ein paar Meter weiter liegt ein wie zufällig hingeschütteter Haufen altrosa Muscheln, das Ergebnis von vierzehn Jahren harter Sammelarbeit. Da ihre ungewöhnliche Farbe erst in nassem Zustand richtig zur Geltung kommt, schwenkt Toni ab und an mit dem Gartenschlauch über sie hinweg.

Bei einer Tasse Kokosnuß-Ananas-Tee in seinem ›Open-air‹-Wohnzimmer, einem überdachten Vorbau, der an die früheren Pferdeställe grenzt, erzählt der einstige Galerist und Barbesitzer von seinen Freunden, den Künstlern, die er unterstützt, wo er nur kann. Sei es, indem er ihnen zweihundert Jahre alte Truhen schenkt, aus denen ein Kunstwerk entstehen soll, oder indem er ihnen Nachhilfe in puncto Geschäftstüchtigkeit gibt. Auch er hat sich in jungen Jahren als Künstler versucht, dann jedoch schnell eingesehen, daß sein Talent ein anderes ist, nämlich das des Erkennens. Durch seine jahrelange Beschäftigung mit dem Kunsthandwerk ferner Länder hat er seinen Blick zum Beispiel auch für die Schönheit einheimischer Objekte geschärft, was ihn zum führenden Spezialisten für antike spanische Türen gemacht hat.

Im Eingangsbereich zu seinem Privathaus, das zugleich Laden für fernöstliches Kunsthandwerk ist, hat Toni einige seiner zahlreichen Schätze aus aller Welt aufgebaut. So auch indische Tantra-Eier, die ihre Form durch jahrelange Rotation in einer Mulde eines Flußbetts erhalten haben

STOIRE
ATURELLE
DES
RROQUETS
PAR
VAILLANT

Als früherer Galerist ist Toni selbst leidenschaftlicher Sammler von Kunstwerken. Mit den auf Mallorca lebenden Künstlerinnen Yannick Vu (Plastiken oben links) und Margarita Escalas (Keramikgefäße oben rechts) ist er befreundet

Linke Seite: Gäste empfängt Toni meistens in seinem ›Open-air‹-Wohnzimmer. Wer hier sitzt und den Blick auf Tonis zauberhaften Garten genießt, kann sich kaum vorstellen, mitten in der Stadt Santanyí zu sein

Farbtupfer wie die Liegestühle auf der Terrasse sind in der bewußt reduziert gehaltenen Einrichtung der ›Ruine‹ eher selten anzutreffen

LUXURIÖSE RUINE

Vorhergehende Doppelseite: In die inzwischen renovierte Ruine nahe dem Castell de Santueri hat Thomas Wegner sich sofort verliebt

Als Kind hat Thomas Wegner am liebsten mit Bauklötzen gespielt – heute baut er alte Häuser aus. Als absoluter Amateur – wie er stets alles spielerisch angeht und zum Erfolg führt. Zunächst den Verkauf von Lautsprecher- und Musikanlagen, dann das Sammeln und Vermitteln von Kunst. Der Trip, der ihn vor zehn Jahren mit einem alten Boot nach Portopetro an die Südostküste Mallorcas führte, sollte nur der Erholung dienen, aber es war der Beginn einer neuen Leidenschaft. Er kaufte eine verfallene Finca bei Felanitx – ausschlaggebend waren ein uralter Maulbeerbaum und eine wunderschöne Zirbel vor dem Haus – und machte sich daran, »Son Moro« auszubauen. Schnell stellte er fest, wieviel Spaß ihm das bereitete, und auch, daß er offenbar Talent dafür besitzt.

Die nächste Herausforderung entdeckte er während einer Wanderung: Eine Ruine in der Nähe des Castell de Santueri faszinierte ihn wegen der »irrsinnigen Zypressen«, die davor und zum Teil auch darin wuchsen. Dahinter erhob sich das Gebirge, und durch zwei Hügel hindurch konnte er nur wenige tausend Meter entfernt das Meer leuchten sehen. Eine Weile verging, bis ›die Ruine‹, wie Thomas Wegner sie heute noch nennt, in seinen Besitz kam. Dreieinhalb Jahre dauerte der Umbau, hinzu kam ein Jahr, in dem die Arbeiten unterbrochen wurden, weil es Schwierigkeiten mit der Baugenehmigung gab – das Objekt liegt in einer Naturschutzzone. Bei den Plänen half ihm die Architekturstudentin Gina, und ein örtlicher Architekt aus Felanitx mußte für die Behördengänge eingeschaltet werden.

Eigentlich wollte Thomas Wegner »die Ruine als Ruine erhalten«, also den Zustand konservieren, in den er sich verliebt hatte. Das, so sagt er bedauernd, ist ihm nicht gelungen, aber immerhin hat er »verrottete Elemente« wie die Treppe und alte Mauerstücke integrieren können. Glücklich ist er über die grandiose Akustik in der Wohnhalle, die zwischen viereinhalb und sieben Meter hoch ist. Auf der Galerie hat

Ein Jahr lang mußten die Renovierungsarbeiten an der Ruine unterbrochen werden, weil es Schwierigkeiten mit der Baugenehmigung gab

Der sechsundzwanzig Meter lange, schwarzgekachelte Pool fällt in einer einfachen Diagonale von sechzig Zentimetern zu zweieinhalb Metern Tiefe ab

er zur Einweihungsparty eine Opernsängerin a cappella singen lassen, ein Erlebnis, das seine Freunde nie vergessen werden.

Wegner, der Autodidakt aus dem Norden, hat der Versuchung widerstanden, die alte Finca, deren verschiedene Teile zwischen vierhundertfünfzig und zweihundertfünfzig Jahre alt sind, folkloristisch auszustatten. Er läßt Raum und Material, wie zum Beispiel Flußsteine, wirken. Aber bei aller Klarheit und Strenge setzt er hier und dort immer wieder einen ›Störenfried‹ ein, wie etwa einen kitschig dekorierten Kronleuchter oder einen Spiegel mit Barockrahmen. Das Spielerische will er bei allem Sinn für moderne Ästhetik nicht aufgeben.

Das Bauen übrigens auch nicht. Längst hat er, der mittlerweile mindestens sechs Monate pro Jahr auf Mallorca lebt, neue Ziele ins Auge gefaßt. Und die geliebte ›Ruine‹ wird er verkaufen, wenn erst der Richtige kommt. Denn obwohl das Ergebnis grandios ist, will Wegners Lebensgefährtin Gesine das Ersthaus »Son Moro«, das nach den gleichen Prinzipien restauriert wurde, nicht verlassen, weil ihre Pferde sich dort zu Hause fühlen.

Die zwei neun Meter hohen Palmen hat Thomas Wegner auf Mallorca zu einem »Spottpreis« erworben und in den Patio pflanzen lassen. In Deutschland häten ihn so große Bäume ein Vermögen gekostet

Linke Seite: Um die fantastische Akustik der teilweise sieben Meter hohen Eingangshalle gebührend zu würdigen, hat der Hausherr zur Einweihung eine Opernsängerin von der Galerie aus a cappella singen lassen

In dem blauen Badezimmer, insgesamt gibt es vier, hat Thomas Wegner seinem Spieltrieb freien Lauf gelassen und eine der Felsnischen mit einem Kitschgemälde dekoriert

Rechts oben: Die Wanne in dem größten Badezimmer ist aus einem Stück gegossen und bietet Platz für zwei

Nächste Doppelseite: Die alte Treppe wurde lediglich um drei Stufen ergänzt, um den ruinenhaften Charakter des Gemäuers zu erhalten

Das Haus hat drei Küchen, die hier abgebildete ist aus Steineiche und vom Hausherrn selbst entworfen

Rechte Seite: In die zwei mittleren Türen sind Fenster eingelassen, die – mit Reis und Linsen aufgefüllt – eine dekorative Küchenfront abgeben

CARBONELL
CARBONELL

In Karin hat R. T. eine Gefährtin gefunden, die gewillt ist, seinen Traum vom ›ursprünglichen Leben‹ mit zu verwirklichen. Maria, die ältere der beiden Töchter, geht auf eine spanische Schule und spricht auch Mallorquí

ZURÜCK ZU DEN URSPRÜNGEN

Wie soll man leben? Diese existentielle Frage konnte Rudolph-Thomas Leimbacher für sich lange Zeit nur negativ beantworten – er wußte genau, wie er nicht leben wollte: nicht in der Stadt und nicht als Manager, schon gar nicht in der Chemieindustrie, wie es sein erfolgreicher Vater vorgemacht hatte. Als er seinen ungeliebten Vornamen zu R. T. abkürzte und auf der englischen Aussprache bestand, war das programmatisch: »Artie« – seine Mutter ist Engländerin – wollte als Künstler leben, er wußte nur noch nicht, wo und wie.

Als Zwanzigjähriger ging er für ein Jahr nach Ibiza und schlug sich dort mit dem Verkauf seiner Bilder durch, aber eine Leidenschaft für die Balearen entwickelte er dabei nicht. Die entstand indirekt durch seinen Vater, der sich auf Mallorca zur Ruhe setzte. Bei einem ›Anstandsbesuch‹ konnte R. T. zum erstenmal »das Fundament einer Mittelmeerkultur« erkennen, in der es noch »autonome Bauern wie vor dreitausend Jahren gab«. Das faszinierte ihn, der immer schon eine Vorliebe für die mediterrane Kultur hatte, so sehr, daß er bleiben wollte. Bei einem Spaziergang entdeckte er eine Ruine, die ihm ideal schien für sein erträumtes archaisches Leben, nur die Kaufverhandlungen erwiesen sich als äußerst schwierig, da die Erben ein frommes Leben im Kloster von Lluc führten und sich um irdische Besitztümer nicht kümmern mochten. Doch vor zehn Jahren war es soweit: Mehrere Nonnen stiegen in R. T.s winzigen Panda und ließen sich mit wehenden Röcken zum Notar fahren.

Von seinem ›Guru‹, einem alten mallorquinischen Bauern, lernte R.T. alles, was er zu seinem Eremitendasein brauchte: wie man im Wald nachts eßbare Vögel von den Bäumen ›pflücken‹ kann, wie man jagt, sich der Ratten erwehrt, den Acker bearbeitet, wie man baut und das Dach deckt, ja sogar, wie man seine eigenen Werkzeuge herstellt. Vor allem aber lehrte der Alte ihn das Schauen: »Genau hinschauen, um das Überflüssige vom Wichtigen zu unterscheiden.« Nur wer das weiß, ist in den Augen der Einheimischen ein wahrer Señor, ein Herr, unabhängig davon, ob er reich ist oder arm. Um ein Señor zu sein, lernte R. T. nicht nur Spanisch, sondern auch Mallorqui, den aus dem Katalanischen abgeleiteten Inseldialekt. Und er verzichtete beim Ausbau seiner Ruine auf alles, was nicht lebensnotwendig ist. Gerade weil die hohen Räume mit den alten Balken und Steinfußböden so spartanisch eingerichtet sind, wirken sie grandios. Verarbeitet hat R. T. in erster Linie den gelben Kalkmuschelstein aus der Gegend von Santanyí. In einem seiner Ateliers – er hat sich mehrere in den siebenhundertfünfzig Quadratmetern eingerichtet – besteht der Boden noch aus dem gestampften Schafdreck, den die ›Vorbewohner‹ hinterlassen haben, in einem anderen bedeckt eine dicke Lage Stroh den Grund. Die Ateliers bilden eine ›natürliche‹ Umgebung für R. T.s Plastiken und Bilder, die in erster Linie Schafe, Schweine, Ratten, Puten und sonstiges Federvieh darstellen.

Vor acht Jahren sind die Portraits einer anmutigen Frau und zuletzt wunderbare Kinderbilder dazugekommen. In der ebenfalls aus Zürich stammenden Karin hat R. T. unverhofft eine Gefährtin gefunden, die bereit ist, sein karges Leben zu teilen. Dennoch stellt er fest: »Plötzlich hat man schon zuviel«, und er will wieder Ballast abwerfen. Aber an die beiden Töchter Maria und Sara ist er bereit Zugeständnisse zu machen – sie sollen leichten Zugang zu Schulen und Spielgefährten haben, und wenn es sein muß, wird R. T. seine geliebte Wildnis aufgeben und in Stadtnähe noch einmal neu anfangen. Natürlich wieder in einem alten Haus: »Ich habe eine Obsession für geschichtsträchtige Häuser.«

Durch seine Familie hat R. T. erfahren, daß es letztendlich das Leben selbst ist, das jeden lehrt, wie er leben soll.

Im Gemüsegarten und auf der Zisterne tummeln sich einige der meistportraitierten ›Modelle‹ R. T.s – die Hühner und Gänse der Familie Leimbacher

Linke Seite und oben links: Das kathedralenhaft beleuchtete Badezimmer ist nicht nur in einer Art Rohbau belassen, sondern wird auch nicht beheizt. Das ursprüngliche Leben à la R. T. ist nichts für verweichlichte Großstädter

Oben Mitte: Der Kamin in der Küche ist nach mallorquinischer Tradition so gebaut, daß man darin sitzen kann

Oben rechts: In diesem Raum wurde früher Käse hergestellt. Heute finden hier einige von R. T.s Kunstwerken Platz

Die Töchter Maria und Sara wachsen ohne Fernseher und Barbiepuppen, dafür aber inmitten der Natur auf. Daß die Hunde auf dem Foto zu sehen sind, ist ungewöhnlich, sie dürfen normalerweise nicht ins Haus

Die Installation »Warten auf St. Blasius« lagert nun in dem Atelier, dessen Fußboden aus getrocknetem Schafdung besteht

Der von Claudio Silvestrin entworfene Kubus wirkt wie eine moderne Skulptur, erinnert aber auch an alte mallorquinische Festungen

MINIMALISMUS PUR

Vorhergehende Doppelseite: So aufgereiht wirken die Designerstühle von Hans Wegner wie Kunstwerke. Die Büste rechts ist vom Künstler Robert Graham

Rechte Seite: Für den Kunsthändler Hans Neuendorf ist sein Haus wie ein weiteres Kunstwerk in seiner Sammlung – eine Skulptur aus Licht und Raum

Nächste Doppelseite: Der leuchtend blaue mallorquinische Himmel bringt die ungewöhnliche Farbe des Hauses erst richtig zur Geltung

Nur wenige Häuser provozieren so heftige Reaktionen wie der neun Meter hohe terrakottafarbene Kubus, den Kunsthändler Hans Neuendorf sich in die sanfte Hügellandschaft im Südosten der Insel setzen ließ. Für die einen ist er ein Fremdkörper, der nicht in diese ländliche Gegend paßt, andere sehen darin die gelungene Umsetzung alter Traditionen in moderne Architektur. Tatsache ist, daß man die einfache Form auch bei alten Fincas aus Stein findet, aber der glatte Putz sorgt für neue, schärfere Konturen. Andererseits erinnern die Dimensionen und geschlossenen Fronten an eine mittelalterliche Festung, doch ist das Haus so in den Hang hineingebaut, daß die Proportionen weniger pompös wirken. Für Hans Neuendorf ist es eine Skulptur aus Licht und Raum, ein weiteres Kunstwerk in seiner Sammlung. Für den in London lebenden Architekten des Hauses, den Italiener Claudio Silvestrin, der sich auf Mies van der Rohe und Tadao Ando bezieht, ist dieser Bau auf Mallorca ein Meilenstein in seiner Karriere. So häufig sind die Auftraggeber nicht, die sich kompromißlos auf seinen minimalistischen Stil einlassen. Genau daran scheiden sich auch die Geister. Selbst Bewunderer der strengen Form fragen, ob das Leben darin nicht zuviel Disziplin verlangt. Bringt nicht schon eine falsch gewählte Zahnbürste das ästhetische Konzept durcheinander? Für Anhänger der Zen-Philosophie, deren Ziel es ist, sich auf das Wesentliche zu beschränken, sicher eine willkommene Stilübung. Für Hans Neuendorf ist es erst recht kein Problem. Da er seinen Hauptwohnsitz in New York immer nur für wenige Tage verlassen kann, liebt er diesen Ort, der zu nichts anderem einlädt als zu reiner Meditation. Wie andere sich für ein paar Tage in Heilschlaf versetzen lassen, um das Manko von Monaten oder gar Jahren wettzumachen, findet er auf Mallorca Erholung im Turbogang – keine Ablenkung, kein Lärm, nur die Begegnung mit sich selbst und Gespräche mit guten Freunden, die sich um den langen Eßtisch aus Travertin versammeln.

Das minimalistische Ambiente fordert seinen Bewohnern viel Disziplin ab, denn jeder achtlos liegengelassene Gegenstand zerstört die gesamte Ästhetik. Doch wer sich die Mühe macht, so zu leben, wird mit einer unendlich beruhigenden Atmosphäre belohnt

AUF DER SUCHE NACH DEM LICHT DES SÜDENS

Der Tanz brachte Julien Meunié nach Mallorca, die Malerei hielt ihn dort fest. Als er Mitte der achtziger Jahre auf die Insel kam, gehörte er noch einer Tournee-Truppe an, die um die ganze Welt reiste. Das sollte nun ein Ende haben, denn Julien hatte sich in eine Mittänzerin verliebt, er wollte seßhaft werden, eine Familie gründen und die Malerei zu seinem Hauptberuf machen. Neun Ausstellungen in Frankreich, Kanada und England hatten ihn darin bestärkt, daß sein Talent zu einem freien Künstlerdasein ausreichen müßte. Fehlte nur noch der richtige Platz, an dem er sich entfalten konnte.

Den fand er in Santanyí im Monat Oktober. Um diese Jahreszeit herrscht in der südlichen Ebene ein unvergleichliches Licht, das mittlerweile immer mehr Maler hierher zieht. Und so entwickelt sich Santanyí an der Ostküste zu dem, was Deià an der Westküste schon lange ist: zu einem Künstlerdorf. Dazu tragen solche Initiativen wie das von Margarita Nigorra gegründete Kunstzentrum »S'Hort de Nigorra« bei, in dem Maler aus aller Welt eine Zeitlang kostenlos wohnen und arbeiten können. Als Gegenleistung schenkt jeder, der hier war, der Gastgeberin ein Kunstwerk – für ihren ›Garten‹ (S'Hort). Einziger ständiger Mieter im Kunstzentrum ist Julien Meunié. Diszipliniert, wie er es vom Tanztraining her gewöhnt ist, arbeitet er jeden Tag fünf Stunden in seinem Atelier. Dabei entstehen im indirekten, durch das Wasserreservoir vor den raumhohen Fenstern gespiegelten Licht sehr bewegte Bilder von Meereswellen oder Liebespaaren, deren unscharfe Konturen sie wirken lassen, als tanzten sie. Für Julien, der gerade in letzter Zeit einige große Ausstellungen

Julien Meunié denkt, daß die ständig spürbare Präsenz des Meeres dafür sorgt, daß die ›isla de la calma‹ ihren Namen zu Recht trägt

Julien malt fünf Stunden am Tag in seinem Atelier. Selbst an kleineren Formaten würde er niemals zu Hause arbeiten, um seine Frau und seine drei Töchter nicht den Ausdünstungen seiner Ölfarben auszusetzen

bestücken konnte, hat sich Mallorca als Glücksfall erwiesen. Aber er warnt alle Künstler davor, auf die Insel zu ziehen, wenn sie ihren Stil noch nicht gefunden haben. Er zitiert Gertrude Stein, die den Schriftsteller Robert Graves einst warnte, sich nur dann auf Mallorca niederzulassen, wenn er es ertragen könne, im Paradies zu leben. Da ein Künstler auf der Insel isoliert vom Tagesgeschehen in aller Welt lebt, muß er nach Juliens Meinung besonders selbstkritisch sein, um weiterzukommen. »Wer nicht weiß, wer er ist, bevor er hierher kommt, kann sich selbst verlieren«, sagt er. Julien weiß genau, weshalb er hier ist – wegen der Ruhe. Für ihn ist es die ständig spürbare Präsenz des Meeres, die Mallorca zur ›isla de la calma‹ macht.

Julien hatte das Glück, schon in jungen Jahren mit Wissen über die Malerei ›gefüttert‹ zu werden. Sein Großvater, ein Freizeitmaler, schenkte ihm zum achten Geburtstag einen Kasten Wasserfarben, weil er eine gewisse Begabung bei seinem Enkel entdeckt hatte. In den sechziger Jahren nahm er ihn dann regelmäßig mit ins Pariser »La Coupole«, dem Treffpunkt für Künstler, Schauspieler und Intellektuelle. Seinen ersten Besuch im Louvre hatte Julien schon im zarten Alter von sechs Jahren absolviert, an der Hand seiner Mutter. Bis zu seinem zweiundzwanzigsten Lebensjahr war er noch genau zweihundertneunundneunzigmal in Frankreichs berühmtestem Museum. Von diesem ›Fundus‹ zehrt Julien heute, er braucht weder Anregung noch Ablenkung. Für ihn hat sich auf Mallorca der Traum von einem Leben für Kunst und Familie erfüllt. Mittlerweile ist er stolzer Vater dreier Töchter, die den unverkennbaren Gang von Tänzerinnen haben – aber vielleicht werden sie sich ja auch der Malerei zuwenden …

Oben: Julien, der selbst einmal Tänzer war und seine Tanzpartnerin geheiratet hat, malt am liebsten tanzende Liebespaare ...

Linke Seite: Abendstimmung über dem Kunstzentrum »S'Hort de Nigorra«. Tagsüber sorgt die Sonne, die von dem Wasserreservoir vor Juliens Fenstern reflektiert wird, für indirektes Licht in seinem Atelier

Der bekannte englische Pop-art-Künstler Peter Phillips ließ sich nur ungern davon überzeugen, daß Mallorca eine Reise wert ist. Heute haben er und seine Frau ihren Hauptwohnsitz hier

BLÜHENDE HEIMAT FÜR WELTENBUMMLER

Wo wollen wir wohnen? Diese Frage stand für Peter und Claude Phillips im Mittelpunkt, nachdem sie sich auf einer Party des Galeristen Bruno Bischofsberger in Zürich kennen- und liebengelernt hatten. Da der renommierte Pop-art-Künstler und die erfolgreiche Modedesignerin durch ihre Berufe nicht an einen bestimmten Ort gebunden waren, hatten sie die Qual der Wahl.

Sie kam damals aus Paris, er aus New York, und das Zusammenleben probierten sie zunächst eine Weile in London. Doch dann zog es sie in die Sonne und somit nach Florida, Australien, auf die Seychellen und in die Karibik. Bis eine Freundin zu Claude sagte: »Wozu in die Karibik? Das Wasser ist auf Mallorca genauso türkis.« Skeptisch flog Claude mit Tochter Zoé für ein paar Tage hin und war schnell überzeugt. Peter, der sich nur widerwillig zum Nachkommen überreden ließ, blieb mürrisch, bis er Felanitx sah – dann hatte Mallorca auch ihn in seinen Bann geschlagen. Und die Aussicht darauf, es nicht mehr ausschließlich mit verrückten Totalaussteigern – wie dem auf den Seychellen lebenden britischen Spion, auf den in Haiti die Todesstrafe wartete – zu tun zu haben, war einfach verlockend. Ganz zu schweigen davon, daß die ewige Langstreckenfliegerei, wann immer man Freunde oder Geschäftspartner besuchen wollte, endlich ein Ende haben würde.

1982 kauften Peter und Claude eine zweihundert Jahre alte Finca auf einem knapp sechzehntausend Quadratmeter großen Grundstück in der Gegend von Felanitx – zu dem Zeitpunkt ein halb verfallenes Gemäuer auf einem Feld. Heute steht die inzwischen renovierte Ruine zusammen mit mehreren kleineren Gebäuden im selben Stil inmitten eines wahren Dschungels aus Palmen, Jasmin, Bambus, Papyrus, Trompetenbäumen und Opuntien, um nur einige zu nennen. Eine Tierschar aus knapp fünfzig Pfauen – darunter sechs weiße –, zwölf Katzen, sieben Hunden, acht Enten, acht Hühnern und zwei Gänsen ist hocherfreut über das viele Grün.

Die Goldorfen im Teich entsorgen die Stechmücken, und in der Pool-Landschaft wartet jede Menge türkisfarbenes Wasser auf die Bewohner, wenn sieben Kilometer bis zum Meer zu weit scheinen ...

Solch paradiesische Zustände entstehen natürlich nicht über Nacht. Vier Jahre lang überwachte Peter die Renovierungs- und Bauarbeiten nach Plänen, die er selbst gezeichnet hatte. Die Gebäude sollten so unsichtbar wie möglich werden und mit der Natur verschmelzen, deswegen wurden sie relativ niedrig gehalten und aus dem hellen Stein der Umgebung errichtet. Mehrere kleinere Häuser zu bauen hatte weiterhin den Vorteil, daß kein Baum gefällt werden mußte, um Platz zu schaffen, was Peter und Claude ungemein wichtig war. So unscheinbar rustikal alles nach außen hin auch wirkt, das Innenleben ist strikt modern. Die strenge Geometrie der Mackintosh- und Rietveld-Möbel, mit denen sich das Paar schon immer eingerichtet hatte, wird durch Peters Pop-art und Claudes Art-déco-Figurensammlung perfekt ergänzt. Veränderungen finden hier nur statt, indem Bilder umgehängt werden, obwohl Peter der Meinung ist, daß die mallorquinischen Tonböden, die »man am Anfang noch mag«, inzwischen durch ein moderneres Material ersetzt werden könnten.

Im Mittelpunkt steht hier jedoch ohnehin der üppige, durch ein kompliziertes Bewässerungssystem am Leben erhaltene Garten. Da Peter und Claude neun Monate des Jahres draußen verbringen, haben sie sich sieben unterschiedliche Sitzplätze geschaffen, an denen sie unter freiem Himmel essen können. Verständlich, daß sie inzwischen Heimweh nach Mallorca bekommen, wann immer sie auf Reisen gehen. Für Peter und Claude ist das jedoch ein völlig neues Gefühl und gleichzeitig Beweis dafür, daß ihre Entscheidung, sich hier niederzulassen, goldrichtig war.

Der ausgestopfte Tiger neben der Treppe ist ein Geschenk von Claude – sie hat ihn 1967 im Londoner Naturkundemuseum gekauft

Die Elefantenskulptur von Peter paßt so gut in die Pool-Landschaft, als wäre sie eigens für diese Stelle entworfen worden. Sie wurde in derselben Fabrik gegossen, in der auch einige Werke Mirós hergestellt worden sind. Leider macht der hohe Salzgehalt der Luft (das Meer ist nur sieben Kilometer entfernt) der Bronze zu schaffen

Die Modedesignerin Claude Phillips in ihrem Atelier, zu dem sie die Tür stets geschlossen halten muß, da sonst ein besonders eitles Exemplar ihrer fünfzig Pfauen hereinstolziert, um vor dem Spiegel sein Rad zu schlagen ...
Im Vordergrund ein Rietveld-Stuhl, typisches Beispiel für den Möbelstil, der das Ehepaar Phillips auch nach etlichen Jahren noch begeistert

Das Eßzimmer ist mit Mackintosh-Möbeln eingerichtet, die den passenden Rahmen für ein Gemälde bilden, das Peter seiner Claude 1963 geschenkt hat

Peter und Claude verbringen neun Monate des Jahres im Freien. Zu diesem Zweck haben sie sich sieben verschiedene Sitzplätze in ihrem herrlichen Garten geschaffen. Die Sessel für den hier abgebildeten hat Claude selbst entworfen

Ferran vor den Flügeln seiner noch unvollendeten Storchenskulptur »Gran Ocell« von 1998, die inzwischen in Palma auf dem Passeig de Mallorca bewundert werden kann. Das fertige Kunstwerk aus Eisen, Aluminium, Stahl und Kupfer ist knapp vier Meter hoch, und die Flügel haben eine Spannweite von fünf Metern

REICHTUM AM WEGESRAND

Der in Palma de Mallorca geborene Ferran wirkt genauso heiter und unkompliziert wie seine aus Schrottplatzabfällen zusammengeschweißten Tierskulpturen. Daran können auch die Theorien einiger Kunstwissenschaftler nichts ändern, die in den so verarbeiteten Abfallprodukten der modernen Gesellschaft eine engagierte Warnung vor der Umweltzerstörung sehen. Wichtiger als gedankenschwere Auseinandersetzung findet Ferran es, daß selbst jedes Kind sich an seinen Skulpturen mit den naturgetreuen Formen und teilweise amüsanten Posen erfreuen kann.

Ferran ist kein Freund der großen Worte. Wenn er fragt: »Bin ich ein Künstler? Ich weiß es nicht«, dann klingt das nicht kokett, sondern glaubwürdig. Zunächst hatte er in Barcelona Wirtschaft studiert und danach erste künstlerische Erfahrungen als Steinmetz für Grabsteine gesammelt. Der schüchterne Skulpteur lebt mit seiner Frau Joana und seinem Sohn Damià einfach und natürlich, wie er sich gibt. Seit fünfzehn Jahren wohnen sie in dem vor über hundert Jahren aus Trockenmauern erbauten Haus; in der angrenzenden Garage schweißt Ferran seine irrwitzigen Störche, Ohrwürmer, Tintenfische und Larven zusammen, für die er sich das Material vom Schrottplatz in Manacor holt. Einziger Luxus sind die siebentausend Quadratmeter Land, die zum Haus gehören und Sohn Damiàs unbestrittenes Reich sind, sobald er aus der zwei Kilometer entfernt liegenden Schule kommt.

Die Materialien für seine Kunstwerke, wie zum Beispiel für diesen überdimensionalen Ohrenzwicker, findet Ferran auf dem Schrottplatz von Manacor

Leider ist die Miete inzwischen zu teuer geworden, deswegen zieht die Familie demnächst in ein günstigeres Haus am Meer, in die Nähe von Campos. Ein Freund Ferrans findet das durchaus positiv, denn dort entsteht gerade ein neuer Golfplatz und, so der Freund, »Künstler müssen in der Nähe von Reichen leben«.

Der noch flügellose Körper des Storches. Viele sehen Ferrans Arbeiten als Warnung vor der Umweltzerstörung an. Er selbst weiß nicht einmal, ob er ein Künstler ist

Ferran hat dafür nur ein Schmunzeln übrig, wobei seine Augen vielsagend aufblitzen. Ihm scheint es im Grunde völlig unwichtig zu sein, wo er wohnt. Hauptsache die Sonne scheint und das Leben bleibt unkompliziert.

Für ihn ist es schon ein großes Abenteuer, wenn er Ausstellungen im Ausland hat, wie 1990 in Basel, 1992 in Seoul und 1998 in Berlin. Er bleibt bescheiden, auch wenn Kritiker ihm bescheinigen, daß er »mit dem Feuer als Gehilfen« nutzlos gewordene Eisenteile zu »Objekten des Gewissens« formt. Es ist richtig, daß er minderwertige Industriematerialien einsetzt, um damit etwas Naturnahes nachzuschöpfen, aber er sieht sich keineswegs als Mahner der Wegwerfgesellschaft. Eher ist der Zweiundvierzigjährige ein begabter Lebenskünstler, der mitnimmt, was sich am Wegesrand bietet. Davon zeugt auch seine Einrichtung, die aus Fundstücken und Gebasteltem unbekümmert zusammengewürfelt ist – und der Kanarienvogel in seinem kleinbürgerlichen Käfig am Küchenfenster trillert dazu …

Rolf Schaffner kam Anfang der sechziger Jahre als einer der ersten deutschen Künstler nach Mallorca

TURMHOCH ÜBER DEN NIEDERUNGEN

Schon während seines Studiums an der Münchner Kunstakademie träumte Rolf Schaffner davon, seine Skulpturen eines Tages in einer Landschaft aufzustellen, mit der sie verschmelzen würden. Freunde hatten ihm von Santanyí vorgeschwärmt, wo sie jeden Winter verbrachten, und dorthin fuhr Rolf mit Frau und dem einjährigen Erstgeborenen, nachdem er 1962 die Ausbildung beendet hatte. Rolf wußte sofort, daß er nicht weitersuchen mußte. Hier war nicht nur die ideale Umgebung für seine Kunstwerke, hier gab es auch ideale Arbeitsbedingungen, denn Rolf bekam das Material aus dem Steinbruch für seine Skulpturen damals noch umsonst.

Die Mietwohnung in München wurde aufgelöst, und noch im selben Jahr hatte die Familie sich in Santanyí niedergelassen. Sie fanden eine Mühle, in der sie drei Jahre lang mietfrei leben konnten – als einzige Gegenleistung wurde erwartet, daß sie den Ausbau übernahmen. Rolfs erste Arbeit, noch von der Akademie beeinflußt und daher gegenständlich, war eine Reitergruppe aus aufeinandergetürmten Kalksteinen aus Binissalem. Diese Skulpturen in der freien Landschaft erregten einiges Aufsehen – aber offenbar auch Aggressionen: Ein Reiter wurde vom Pferd gestoßen, und der Kopf eines anderen verschwand – als Souvenir? Daraufhin bekam Rolf die Möglichkeit, seine Skulpturen auf dem wild bewachsenen Privatgelände eines Bekannten aufzustellen. Mittlerweile sind die ersten, teilweise drei Meter hohen Skulpturen kaum noch zu sehen, da sie vom Gebüsch überragt werden.

Eigentlich sollte der ›Ausflug in den Süden‹ nur drei bis vier Jahre dauern, so lange, hatte Rolf sich überlegt, müßten die Ersparnisse reichen. Doch die Hilfsbereitschaft der Mallorquiner und die wachsende Nachfrage nach seinen Werken machten es möglich, den Aufenthalt immer wieder zu verlängern. Erst die Rezession von 1974 zwang ihn, nach Deutschland zurückzukehren. Zwölf lange Jahre mußte er in München jobben, und Mallorca und die Kunst waren den Ferien vorbehalten.

Oben links: Drei der elf »Zeugen am Weg«, die an der Landstraße von Santanyí nach Campos stehen. Die zirka sechs Meter hohen Skulpturen aus Santanyí-Bruchsteinen sollen vor der allmählichen Zerstörung Mallorcas warnen

Oben rechts: In dem eigenwillig geformten Turm, den er vor über dreißig Jahren selbst entworfen hat, lebt Rolf Schaffner gemäß seiner Lebensphilosophie sehr einfach

Seit 1986 lebt er wieder ausschließlich als Bildhauer in seinem Turm in Santanyí, den er als sein Atelier und Refugium bereits Mitte der sechziger Jahre entworfen hatte. Der ungewöhnliche Bau sieht auf den ersten Blick aus wie ein uralter Wachturm aus »Piedra viva«, aber bei genauem Hinsehen irritieren die abgeflachte Form und die horizontalen ›Schießscharten‹, die nur sehr gezielt Licht einlassen. Hier lebt und arbeitet der inzwischen geschiedene Rolf Schaffner auf rund dreißig Quadratmetern Grundfläche (es gibt noch einen kleinen Raum auf einer Galerie) – mehr braucht er nicht. Sein neuestes Projekt, »Equilibrio«, wird dafür um so mehr Platz beanspruchen. Sieben Meter hohe Skulpturen will er als Symbol der Verbindung aller Menschen an fünf Länder der verschiedenen Himmelsrichtungen verschenken, wobei Spanien den Süden repräsentieren soll. Seit er der Überflußgesellschaft abgeschworen hat, kann Rolf Schaffner sich grenzenlos spirituell entfalten. Sein ganzes reduziertes Leben ist Meditation und Suche nach Wahrheit, so bescheiden wie er lebt kaum ein anderer.

METROPOLE DES OSTENS

Nona von Haeften und ihr Mann Wolf Siegfried Wagner wollten nie nach Mallorca und kauften sich dann prompt das Feriendomizil, das ein Freund ihnen organisiert hatte

ZUM GLÜCK ÜBERREDET

Rechte Seite: In einem der Eingangsbereiche bilden alte Fliesen aus einer spanischen Villa einen ›Teppich‹ im weißen Zement. Die eiserne Konsole stammt aus Frankreich

Manche Menschen muß man zu ihrem Glück zwingen – auf Mallorca findet man einige von ihnen. Auch Nona von Haeften gehört zu jenen, die der Insel mit dem schlimmen Ruf, von Touristen überschwemmt zu sein, nicht einmal einen Besuch abstatten wollten. Aber was tut man nicht alles für einen Freund! Schon auf der Fahrt vom Flughafen Richtung südöstliche Küste tat Nona Abbitte. So grün, so blühend und so menschenleer hatte sie sich die Insel nicht vorgestellt. Und wie arrangierte Ehen oft die besten sind, so erwies sich auch das vom Freund ins Visier genommene Feriendomizil als passender Partner – so sehr, daß Nona und ihr Mann, der Regisseur Wolf Siegfried Wagner, nach vier Jahren Urlaubsflirt 1992 beschlossen, Mallorca zu ihrem Hauptwohnsitz zu machen.

Die dreihundert Jahre alte und siebenhundert Quadratmeter große Finca zu restaurieren und einzurichten machte beiden so viel Spaß, daß sie sich neue Aufgaben dieser Art suchten. Wolf Siegfried, genannt Wummi, restauriert immer häufiger alte Fincas für Freunde aus Deutschland oder entwirft für sie neue Häuser im mallorquinischen Stil; Nona hat zwei erfolgreiche Einrichtungshäuser in Manacor aufgebaut: »Unicorn«, in dem sie ländlich-elegante Möbel verschiedener Epochen aus ganz Europa, eigene Stoffkollektionen und dekorative Objekte verkauft, und »Coconut Company« für alle, die sich etwas preiswerter und mit asiatischem Touch einrichten wollen.

Mit ihrem Kolonialstil liegt die »Coconut Company« so gut im Trend, daß Nona von Haeften einen zweiten Shop dieser Art in New York eröffnete. Sie nennt den Trend zu fernöstlichen Einrichtungsgegenständen humorvoll »die asiatische Grippe«, weiterer Beweis dafür, daß Nona von Haeften keine strenge Puristin ist, die ihren Kunden ein bestimmten Stil aufzwingen will. Im Gegenteil: »Die Mischung macht's, sagt sie. Und die Idee, eine Finca ausschließlich mit mallorquinischen Antiquitäten

einzurichten, ließe sich ohnehin nicht verwirklichen, da die Stücke rar geworden sind.

Die beste Werbung bleibt ihr eigenes Domizil. Nona hat es verstanden, einerseits den Charakter der Finca zu erhalten, indem sie die Grundstruktur nicht veränderte und auch die kleinen Fenster beibehielt, andererseits aber eine heitere Atmosphäre zu schaffen, die altspanischen Bauernhäusern nicht immer eigen ist. Weiße Wände und schlichte Möbel in hellem Holz, meist aus Frankreich, kombiniert mit gestreiften Stoffen und farbenfreudigen Kelims, sind eine ungewöhnliche Kombination für mediterrane Wohnräume – aber eine, die im großen Freundes- und Kundenkreis von Nona und Wummi ungeheuer gut ankommt.

Auch der Garten, den Nona mit viel Aufwand und raffinierten Bewässerungssystemen anlegen ließ, ist ein Beweis dafür, daß man sich nicht immer an überlieferte Regeln halten muß, um ein stimmiges Ergebnis zu erzielen. Auf der anderen Seite ist Nona jedoch stolz darauf, daß sie die vierzig Hektar Land, die lange Zeit brachlagen, jetzt von einheimischen Bauern nach deren traditionellen Regeln bewirtschaften läßt. So hat sie das Gefühl, daß sie der Insel, die sie sozusagen mit offenen Armen aufgenommen hat, auch etwas zurückgibt.

Zwei originelle italienische Gemälde hängen über einem ›Blumentisch‹, dessen Metallwanne heute nicht mehr genutzt wird

Rechte Seite: Der Hall-Table mit abklappbaren Seitenteilen und die Barockstühle im Eßzimmer kommen aus Frankreich, ebenso der provencalische Kronleuchter. Im Hintergrund ein Gemälde, das die Landung der Türken auf Mallorca darstellt

Das Atelier mit Nordfenster dient
dem Hausherrn als Architektur-
büro und auch zum Malen.
Die gemauerten Bücherregale
haben arabische Bögen

Die Terrasse ist mit terrakottafarbenen Son-Macia-Steinen ausgelegt und mit Begonia und Bougainvillea bepflanzt. Die alte spanische Tür öffnet sich zum großen Wohnraum mit seiner gemütlichen Einrichtung aus verschiedenen europäischen Ländern

Ihr Privathaus haben Cha-Cha und Loretta erst bauen lassen, nachdem sie beschlossen hatten, ihr bisheriges Heim in ein Hotel umzuwandeln

VOM HIPPIE-PARADIES ZUM LUXUS-HOTEL

Rechte Seite: Auf der vorderen Terrasse befindet sich einer der zahlreichen Eßplätze der Familie Theler, deren Mitglieder jedoch nur noch selten alle gleichzeitig hier anzutreffen sind

Eigentlich müßte man Cha-Cha Theler wieder bei seinem richtigen Vornamen Juan Ramon rufen, schließlich scheinen die wilden Jahre hinter ihm zu liegen. Damals als er den Tanzwettbewerb gewann, der zu seinem Spitznamen führte, hätte keiner seiner Freunde geglaubt, daß Cha-Cha jemals seriös werden würde. Erst drückte er sich vor der Schule und später vor der Verantwortung, als Erstgeborener das überaus einträgliche Versicherungsunternehmen der Familie weiterzuführen. Aber vielleicht gehört das alles zur ausgeschmückten ›Schwarzes-Schaf‹-Legende, schließlich hat Cha-Cha es ja irgendwie geschafft, in der Schweizer Heimat seinen Doktor der Wirtschaftswissenschaft zu bauen – und das ist ihm sicher nicht in jenem Schlaf gelungen, den er angeblich jeden Tag bei einem Freund nachgeholt hat, während der Vater ihn beim Studium wähnte.

Nicht im Traum jedoch wäre ihm eingefallen, eine bürgerliche Karriere zu beginnen. Cha-Cha zog mit seinen engsten Freunden, es waren etwa zwanzig, auf der Suche nach einem Platz für ›love & peace‹ gen Süden. Er fand sein Hippie-Paradies auf Mallorca: ein sanftes Tal von immensen Ausmaßen (zweihundert Hektar) mit vorchristlichen Höhlen, einer uralten Finca und verfallenen Ställen. Dort machten Cha-Cha und seine Horde es sich auf Matratzen bequem und planten das bäuerliche Leben, von dem Cha-Cha schon lange geträumt hatte. Ein Freund wollte sich um die Schweinezucht kümmern, ein anderer sich der Schafe annehmen – »Aber keiner hatte von irgend etwas eine Ahnung, und alles ging schief«, bekennt Cha-Chas Ehefrau Loretta, die ebenso schön wie freimütig ist. Sie ist eine Prinzessin zu Sayn-Wittgenstein-Hohenstein, und auch ihr wurde das Wissen um Ackerbau und Viehzucht nicht in die Wiege gelegt.

Schließlich beschloß Cha-Cha, es wie die einheimischen Herren zu halten: Man nimmt sich einen Bauern, der die Latifundien mit Sachkenntnis bewirtschaftet, und

teilt mit ihm traditionsgemäß alle Erträge. Viel war das zunächst nicht, da Cha-Cha sich eine sogenannte Trocken-Finca hatte aufschwatzen lassen. Aber da schlug sein Schweizer Ehrgeiz durch, und er ließ von den verschiedensten Fachleuten so lange nach Wasser suchen, bis sie bei der dreißigsten Bohrung endlich fündig wurden. So wurde die Finca zum grünen Paradies und der Bauer ein reicher Mann. Und Cha-Cha, der sich früher begeistert als Großwildjäger bewiesen hatte, rührte nie wieder ein Gewehr an, nachdem er einmal ein Lamm mit der Milchflasche groß-

Der Pool ist Lorettas Lieblingsplatz, denn von hier hat sie einen endlos weiten Blick auf das Tal

gezogen hatte. Als sie sahen, daß es mit der Landwirtschaft nun wirklich ernst wurde, verstreuten sich die Hippie-Freunde in alle Winde, während Cha-Cha und Loretta, die jeder ein Kind mit in die Verbindung gebracht hatten, die Familie um zwei gemeinsame Kinder erweiterten.

So könnten sie heute alle noch in Frieden auf ihrer Finca leben, mit der Bauernfamilie im Haupthaus und den Herrschaften mit ihren vier Kindern im ausgebauten Schweinestall, wenn das Leben denn ein Märchen wäre. Die Wirklichkeit jedoch sieht anders aus: Der alte Bauer starb, seine Kinder wollten lieber in der Stadt leben, und Lorettas und Cha-Chas Sprößlinge strebten wißbegierig in die verschiedensten Himmelsrichtungen. Was tun? Eine Zeitlang spielten Loretta und Cha-Cha mit dem Gedanken, das Kapitel »La Rotana« für immer abzuschließen. Doch da erhoben die Kinder, die sich an die wunderbaren Sonntagsgelage mit Bauern, Knechten, Freunden und Viechern erinnerten, lautstark Einspruch: »Laßt euch was anderes einfallen.«

Ergebnis ist das erfolgreiche Hotel »La Reserva Rotana«. Achtzehn Monate dauerte der Umbau nach Cha-Chas Plänen, Loretta blieben dann noch ganze sechs Wochen Zeit für die Einrichtung. Das war zwar knapp, aber sie konnte auf einen riesigen Fundus zurückgreifen: Cha-Cha hat zeit seines Lebens in aller Herren Länder gesammelt, was nicht niet- und nagelfest war und in den ungenutzten Scheunen des mallorquinischen Landguts gelagert. Loretta hat daraus mit viel Geschick und Geschmack die Hotelzimmer eingerichtet. Größtes Lob gebührt ihr für die Badezimmer, die nur eine Frau, die weiß, was gutes Aussehen wert ist, so großzügig bemessen und ausstatten konnte. Im Herbst 1996 wurde das Haupthaus aus dem siebzehnten Jahrhundert als Hotel eröffnet, mit privatem Neun-Loch-Golfplatz und Swimmingpool. Mittlerweile ist noch die preisgünstigere Dependance »Mayolet«

hinzugekommen, und aus Thelers ausgebautem Schweinestall, den sie fünfundzwanzig Jahre lang bewohnt haben, sind begehrte Gartenappartements geworden.

Sie selber bewohnen jetzt in unmittelbarer Nähe ein neues Haus, das von Cha-Cha entworfen und von Loretta eingerichtet wurde. Ungewöhnliche Details lassen den Neubau angenehm alt aussehen, zum Beispiel antike spanische Türen, ein schmiedeeisernes Fenstergitter aus Andalusien als beleuchtetes ›Trompe l'oeil‹ über der Treppe oder die antike Kassettendecke in Lorettas Badezimmer, deren Motiv vom Schreiner für die Badewannenverkleidung sorgfältig rekonstruiert wurde. Lorettas liebster Rückzugsort ist der private Pool, der zum Hotelbetrieb hin durch einen Erdwall abgeschirmt ist, aber freien Blick über das weite Tal mit seinen Wiesen und Feldern bietet. Viel Freizeit gönnt sie sich jedoch nicht. Aus dem ehemaligen Hippie-Paar sind unermüdliche Bauherren geworden. Nach anfänglichen Problemen mit der Hotelführung, die jetzt in den kompetenten Händen von Maria Rodriguez Bécares liegt, können Loretta und Cha-Cha sich ungestört ihrer neuen Leidenschaft widmen: Er baut, sie richtet ein, er achtet auf die Solvenz der Käufer (unter drei, vier Millionen Mark ist nichts zu haben), sie auf die Ausstrahlung: »Wir wollen unser Alter schließlich nur mit sympathischen Nachbarn verbringen.« Einer davon ist Cha-Chas jüngerer Bruder, der sich nach einem arbeitsreichen Leben im Schweizer Familienunternehmen auf Cha-Chas Areal niedergelassen hat. Während er seinen wohlverdienten Ruhestand genießt, frönt Cha-Cha den spät entdeckten Freuden regelmäßiger Arbeit.

Das alte Herrenhaus aus dem siebzehnten Jahrhundert steht nun im Mittelpunkt der Hotelanlage »La Reserva Rotana«, die Cha-Cha und Loretta Theler eröffnet haben, nachdem ihre Kinder aus dem Haus waren

Die Trophäen, die Cha-Cha in seiner Zeit als Großwildjäger gesammelt hat, schmücken nun die Hotelbar. Seit er ein Lamm mit der Milchflasche großgezogen hat, rührt Cha-Cha kein Gewehr mehr an

Die geschmackvolle Ausstattung der Hotelzimmer mit Möbeln und Kunstwerken, die die Thelers auf ihren vielen Reisen gesammelt haben, ist Loretta zu verdanken

Über dem Kopfende von Cha-Chas
Bett hängt ein hundertfünfzig Jahre
altes afrikanisches Bild, das aus
Hunderten Schmetterlingsflügeln
zusammengesetzt wurde

Das Muster der alten spanischen Kassettendecke hat Loretta für die Badwannenverkleidung nacharbeiten lassen

Linke Seite: Die Wohnterrasse schmückt ein mallorquinischer Wandteppich mit Sphinx-Motiv. Das Fenster zum Garten wirkt dank der Außenbeleuchtung nachts wie ein Rousseau-Gemälde

Rechte Seite: Im Anschluß an die Wohnterrasse befindet sich ein Eßbereich mit einem Klostertisch aus Nordspanien und einem indischen Apothekenmöbel

Ernesto genießt sein abgeschiedenes Leben, das ihm jeden Tag aufs neue ermöglicht, die Natur zu beobachten. Den Zeiten, in denen er noch in der Werbebranche tätig war, trauert er nicht nach

DER EREMIT AUF DEM HÜGEL

Bevor Ernesto Willareth nach Mallorca kam, wußte er bereits, daß er das, was er sucht, nur in sich selbst finden kann. Und so kommt es, daß er jeden Tag seiner selbst gewählten Einsamkeit auf einem Hügel mit Rundumblick über die Ebene von Manacor genießt. Er lebt mit der Natur, sieht, wo die Sonne auf- und untergeht, kennt die Bäume und Pflanzen, die wilden Katzen, die Kaninchen und Vögel. Nur ganz selten findet jemand den unbefestigten Weg hinauf zur einstigen Behausung des Wildhüters derer von Villalonga, die inmitten eines achthunderttausend Quadratmeter großen Naturschutzgebietes liegt. Dafür ist der Mann, den viele respektvoll »der Eremit« nennen, obwohl er sein Leben mit einer Gefährtin, zwei Hunden und einer Katze teilt, sehr dankbar. Denn so kann er in Ruhe beobachten, wie die Erde sich präsentiert, wenn niemand eingreift: »Hier habe ich gelernt, die Natur zu verstehen, und das ist eine ungeheure Bereicherung für mein Leben.«

Sogar der Kampf gegen die Ratten, die den Platz bevölkerten, bevor er ihn in Besitz nahm, war für Ernesto eine »interessante Auseinandersetzung«. Bis dahin hatte er nur den Kampf um Karriere, Macht und Geld gekannt, in dem er sich als Werbefachmann durchaus zu behaupten wußte. Aber keiner seiner beruflichen Erfolge erschien ihm so sinnvoll wie sein Sieg über die hartnäckigen Nager in der mallorquinischen Ruine, die er zu seinem Zuhause machte. Und so etwas wie Stolz empfindet er, daß es ihm gelungen ist, das verfallene Haus so zu restaurieren, daß ein ehemaliger Bewohner sich ohne Schwierigkeiten darin zurechtfand, als wäre alles wieder wie vor fünfzig Jahren. Er dachte wirklich, an dem Haus hätte sich seit seiner Kindheit nichts verändert. Dabei hat Ernesto nach und nach für neuzeitlichen Komfort gesorgt: Es gibt ein Bad, fließend warmes und kaltes Wasser, es gibt Licht, ein Gästezimmer, eine Musikanlage und sogar einen Fernseher. Aber es gibt nichts Überflüssiges. Wahrscheinlich würde ein Wildhüter heute so wohnen, und dieses

Gefühl, authentisch zu leben, erfüllt Ernesto. Das hat ihm früher gefehlt. Erst als er sich mit Zen-Buddhismus beschäftigte, kam er ein Stück weiter. Schließlich erkannte er, daß er mit seinem alten Leben brechen mußte. Der Anlaß dazu bot sich bald. Ernesto sollte eine Werbekampagne für ein neues Deo entwickeln, und als er wissen wollte, was das Besondere an diesem Produkt sei, antwortete der Chefchemiker: »Das ist nur Wasser und Scheiße – ein Produkt müssen Sie daraus machen.« Genau dazu aber war Ernesto sich endgültig zu schade. Er löste seine riesige Frankfurter Wohnung auf, ließ seine sechsunddreißig Anzüge und hundertvierundzwanzig Hemden von den erstaunten Helfern des Studentendienstes abholen und flog mit einem einzigen Koffer zu einem Freund nach Mallorca, fest entschlossen, für immer zu bleiben. Er hatte Ersparnisse und den Willen, bescheiden zu leben.

Das war 1974. Vier Jahre lang wohnte Ernesto in einer alten Mühle, bevor er seinen idealen Zufluchtsort auf dem Berg fand. Jetzt hat er so viel Erfahrung mit dem Aus- und Umbauen, daß er auch für andere alte Häuser restauriert, manchmal gemeinsam mit einem Freund und immer öfter auch allein. Daneben bleibt ihm genügend Zeit für seine aufwendigen Buntstiftbilder, für seine geliebte klassische Musik und endlich auch für Bücher, die ihm eine neue Welt eröffnet haben. Immer noch reist er gern, lieber in Wüstengebiete als in Großstädte. Aber das ist keine Suche mehr wie früher, als er nicht wußte, wohin er gehörte. Wer so viel aufgenommen hat, daß er »eines Tages wunderbar abtreten« kann, der ist wohl an seinem Bestimmungsort angekommen.

Ernestos Haus war früher einmal die Behausung des Wildhüters derer von Villalonga. Links vor dem Eingang blüht eine Kaktee namens »Königin der Nacht«

Die meisten Möbelstücke hat Ernesto im Laufe der Jahre den hiesigen Bauern abgeschwatzt und ihnen dafür moderneren Ersatz gekauft

Der unregelmäßig geformte Torbogen zur Küche ist per Zufall entstanden

Rechte Seite: Die Wand vor dem Gästezimmer schmücken alte Werkzeuge

Prinzessin Tatiana von Hessen
mit ihren vier Möpsen

SPLENDID ISOLATION

Es regnete in Strömen, als Tatiana von Hessen im September vor elf Jahren mit einer Gruppe von Freunden nach Mallorca kam. Trotz des unwirtlichen Empfangs verliebten sich alle sofort in die Insel, und Tatiana war ein Jahr lang damit beschäftigt, die passenden Immobilien für alle ausfindig zu machen. Mehr als sechzig Objekte hat sie sich angeschaut und dabei einen hervorragenden Überblick gewonnen. Die wichtigste Entdeckung aber war, daß es nicht darum geht, ein einzigartiges Juwel zu finden: »Was für den einen ideal ist, kann für den anderen völlig falsch sein. Wer noch nie auf dem Land gelebt hat, sollte nicht in die Einsamkeit gehen.« Sie selbst ist nach wie vor glücklich mit dem Refugium, für das sich ihre Freunde am zweiten Tag des denkwürdigen Trips spontan entschieden haben – weil Tatiana die isolierte Lage so toll fand: »Kein anderes Haus weit und breit.«

Daran hat sich bis heute nichts geändert, und mindestens zehn weitere Jahre, hofft Tatiana von Hessen, wird es noch möglich sein, diese ländliche Abgeschiedenheit zu bewahren. Sie liebt alles, was einfach und natürlich ist, und hat es geschafft, alle Freunde, für die sie Objekte restauriert und eingerichtet hat, zu ihrer Auffassung zu ›bekehren‹. So durften sie sich nicht davon abschrecken lassen, daß es weder Wasser noch Strom, geschweige denn Telefonleitungen gab. Dieses Haus, in dem sie besonders gern zu Gast ist, hatte schon fünfundzwanzig Jahre lang leer gestanden und war ziemlich primitiv. Tatiana machte keinen Versuch, es nach deutschen Maßstäben zu restaurieren – das wäre auch nicht möglich gewesen, da die örtlichen Handwerker damals noch nicht an internationalen Standard gewöhnt waren. Wenn ein Fenster nicht richtig schloß, das Dach eine undichte Stelle hatte, dann wurde provisorisch nachgebessert.

Im alten Haus wohnt ein Mann, der den landwirtschaftlichen Betrieb auf dem Grundstück am Laufen hält. Tatiana hat für ihre Freunde eine Art kleinen Turm angebaut. Küche, Wohn- und Eßzimmer im Erdgeschoß und zwei Schlafzimmer im ersten Stock – das ist alles. Mittlerweile gibt es natürlich Elektrizität, Wasser und Telefon, aber der Charakter ländlicher Schlichtheit blieb erhalten. Obwohl Tatiana lange Interior-Designerin in Hamburg war, wäre es ihr nie in den Sinn gekommen, die Einrichtung durchzustylen. »Ich habe keinen Stil«, behauptet sie lachend. »Einfachheit ist am besten – nur saugemütlich muß es sein.«

Sie hat die Möbel da eingesammelt, wo ihr etwas gefiel, in Deutschland, England und Spanien. Und wenn etwas fehlte, ließ sie es nach ihren eigenen Ideen anfertigen, zum Beispiel Betten, Nachtkästen und Lampen. Mittlerweile hat sie das zum Beruf gemacht: Sie entwirft einfache nordische Möbel und verkauft sie mit Erfolg in ihrem kleinen Geschäft in Panker an der Ostsee.

Nach Mallorca fliegt sie, wann immer es geht, mal nur für drei Tage, mal länger. »Wahnsinnig toll« findet sie die Wintermonate Januar und Februar, wenn auf der Insel bereits der Frühling ausbricht. Manchmal denkt sie, daß sie doch hätte anders bauen sollen, nämlich mit mehr Platz, mehr Stauraum. Aber damals wollten sie und alle ihre Freunde sich nur provisorisch niederlassen: »Ich habe ja nicht geahnt, daß wir so lange bleiben werden ...«

In dem Haus, das fünfundzwanzig Jahre lang leer stand, lebt heute ein Mann, der sich um die Landwirtschaft kümmert. Tatiana und ihre Freunde wohnen in dem neu dazugebauten Turm

Den Treppenaufgang zieren das
Relief eines Elefanten und
das Bildnis eines Stiers
beim Stierkampf

Rechte Seite: Um ihre zarte
Haut vor der Sonne zu schützen,
trägt die Prinzessin Strohhüte.
»Zuerst hing nur einer da …«

Links: Das Waschbecken im Gästebad mit Kieselsteinen auszulegen war eine Idee Tatianas

Rechts: Die Küche ist mit antiker mallorquinischer Keramik dekoriert worden

Rechte Seite: Das Bett, die Lampe und den Nachttisch in ihrem Schlafzimmer hat Tatiana von Hessen selbst entworfen

FRUCHTBARES LAND
IM SCHUTZ DER BERGE

An einer engen Gasse mitten in der Stadt öffnet sich das Tor zu einem blühenden Paradies

STADTHAUS MIT ›EDWARDIAN FEELING‹

Rechte Seite: Lord Latymer hätte sein Leben am liebsten auf einem Boot verbracht. Statt dessen sind er und seine Familie in ein Stadthaus mit Garten gezogen, das als kleine Entschädigung immerhin einen grandiosen ›Ausblick mit Pool‹ bietet

Für Lord Latymer ist die Insel nur die zweitbeste Lösung, erste Wahl wäre für ihn das Leben auf einem Boot gewesen. Deswegen offerierte er seiner jungen zweiten Frau Jinty als Morgengabe einen Segeltörn nach Australien. Und danach, so stellte er sich den ewigen Honeymoon vor, würden sie für immer die Weltmeere bereisen, wobei er das Leben im Ozean erforschen wollte. Statt dessen wurde er Pflanzenspezialist. Schuld war Jintys Sehnsucht nach einem Garten, und der läßt sich nun einmal schlecht auf Schiffsplanken anlegen. Ein Besuch bei Freunden in Mallorca überzeugte Hugo Latymer davon, daß es sich vielleicht auch auf einer Insel leben ließe. Natürlich nur, wenn das Haus direkt am Wasser und das Boot in einer Bucht davor liegen würde ...

Sehr schnell sahen sie ein, daß der freie Blick aufs Mittelmeer eine Sache für Sommergäste ist. Wer das ganze Jahr auf einer mediterranen Insel leben will, braucht Schutz und Schatten. Dem Rat von Freunden folgend, die in der Nähe lebten, kauften Lord und Lady Latymer ein einsam gelegenes Bauernhaus in den Bergen der Serra de Tramuntana im Nordwesten Mallorcas, wo sie Schafe züchteten und Oliven ernteten. Einige Jahre später erwarb Hugo, der sich schon zu seiner Zeit als Banker in England für seltene Pflanzen interessiert hatte, ein Stück Land in der Nähe von Palma, wo er eine Baumschule anlegte. Während Hugo neue Bäume einführte, die für eine schnelle Begrünung der von Erosion bedrohten Landstriche sorgen sollen, sammelte Jinty alle alten Mittelmeereichen ein, die irgendwo gerodet wurden.

Das Idyll in den Bergen mußten sie aufgeben, als ihre drei Kinder im schulpflichtigen Alter waren und sich der Anfahrtsweg zur Schule auf Dauer als zu anstrengend erwies. Den Ausschlag für das Haus in Artá, der blühenden Stadt im Nordosten, gaben zwei Dinge: die extrem hohen Wände, die genügend Platz zum Aufhängen der gesammelten Kunstwerke boten, und der riesige Wassertank, der es möglich machte,

einen ›richtigen‹ Garten anzulegen. Das Haus, das einst den reichen mallorquinischen Landbesitzern Blanes gehörte und Ende des neunzehnten Jahrhunderts verändert und vergrößert worden war, hatte nach Jintys Meinung ein »Edwardian feeling«, und das wollte sie auch auf den Garten übertragen. Gleichzeitig sollten organisch-biologische Prinzipien beachtet werden. Zu Hugos Erstaunen ist es Jinty gelungen, trotz dieser widersprüchlichen Voraussetzungen im Laufe von zehn Jahren mit mediterranen Mitteln einen ›politisch korrekten‹, englisch anmutenden Garten zu schaffen.

Oben: Das Himmelbett aus dem neunzehnten Jahrhundert stammt aus Nordspanien

Rechte Seite: Vier der fünf Kontinent-Statuen stehen Spalier an der Treppe zum Garten

Nächste Doppelseite links: Im Gästezimmer steht eine viktorianische Frisierkommode. Der Holzstuhl ist typisch mallorquinisch

Nächste Doppelseite rechts: Der Sekretär im Arbeitszimmer stammt aus dem späten achtzehnten Jahrhundert. In ihm bewahren Lord und Lady Latymer ihre Sammlung antiker griechischer Tauben und etruskischer Gefäße auf

Das Haus selbst blieb beinahe unverändert, schon allein um den Charakter zu erhalten. Einige Räume wurden vergrößert, Badezimmer und eine neue Küche eingebaut, elektrische Leitungen verlegt und eine Heizung installiert. Die Möblierung entstand aus alten und neuen Vorlieben: Zuerst waren es Empire und Directoire, seit zehn Jahren sind es japanische Möbel des späten neunzehnten und frühen zwanzigsten Jahrhunderts, deren Hölzer und praktische Einteilungen die Latymers schätzen. Diese Entdeckung haben sie Sohn Henry zu verdanken, der in London den japanischen Laden »Ki« führt.

Auf Mallorca können Lord und Lady Latymer sich an ihre simpel klingende, aber nicht immer leicht zu realisierende Lebensphilosophie halten: chemiefreies Obst und Gemüse essen, den Lebensraum freilebender Tiere weitgehend erhalten, in einem Haus wohnen, das nicht zu Show-Zwecken dient. Wenn Hunde ihre Spuren auf dem Teppich hinterlassen oder Sofas ihre Sprungfedern zeigen, um so besser: »Das macht ein richtiges Zuhause aus«, sagt Jinty.

Kein Wunder, daß drei Hunde, zwei Meerschweinchen, ein halbwildes Perlhuhn, ein graues Riesenkaninchen, einige Schildkröten, sieben Kanarienvögel, drei Kakadus und an die achtzig Tauben sich heimisch fühlen in Haus und Garten. Schade nur, daß die Kinder jetzt erwachsen und in eine Lebensphase eingetreten sind, die ihnen das Bleiben unmöglich macht. So werden Jinty und Hugo sich wohl nach einem neuen Ort umsehen, der ihren veränderten Bedürfnissen gerecht wird. Ihn zu finden wird nicht mehr so einfach sein wie vor neununddreißig Jahren, als sie ihr Boot gegen Mallorca eintauschten.

Akhenaten
ITALIAN GARDENS
PERSIA BRIDGE OF TURQUOISE
GALAPAGOS

Linke Seite: Der Adlertisch im Wohnzimmer ist aus Österreich und stammt aus dem letzten Jahrhundert. Der Hocker ist ein Regency-Möbel

Rechte Seite: Der Salon ist ganz im Regency-Stil gehalten. Die Portraits stammen ebenfalls aus England

Der frühere Zirkusartist Rolf Knie vor einem seiner Werke

EINE EIGENE WELT KREIERT

Wenn alle anderen Zirkusmitglieder früher zum Baden gegangen sind, hat Rolf Knie sich mit seinem Skizzenblock unterm Arm in die Ställe begeben und die vierbeinigen Kollegen portraitiert. Seit 1989 ist die Malerei sein Hauptberuf geworden

»Das Schöne an Mallorca ist, daß man hier was baut und da was baut – jedes Jahr etwas Neues.« Rolf Knie, der als Mitglied der berühmten Schweizer Zirkusfamilie ein bewegtes Leben gewohnt ist, liebt diese Freiheit. Sonst würde er, der zuvor nie länger als zehn Jahre an einem Ort gelebt hat, es kaum seit 1988 hier aushalten.

Doch achtunddreißigtausend Quadratmeter Grund in Hanglage mit Blick auf Artá (»in der Schweiz wären die Kosten für so ein Grundstück idiotisch«) bieten auch für einen freiheitsliebenden Menschen wie Rolf Knie genug Entfaltungsmöglichkeiten. So hat er sich etwa einen künstlichen Badesee mit viel Sand drum herum angelegt, damit er nicht mit den Touristen am Strand liegen muß: »Wenn man sich solchen Blödsinn leisten kann, ist es doch charmant, wenn man's auch macht.« Bei genauerer Befragung stellt sich zwar heraus, daß der fünf Meter tiefe See in erster Linie dazu dient, das durch Kanalisierungen weitergeleitete kostbare Regenwasser aufzufangen, mit dem der in einem Naturschutzgebiet gelegene Garten bewässert wird, aber Rolf Knie war schließlich mal Clown … Das mit dem Baden müßte ohnehin eine neu entdeckte Leidenschaft sein, denn früher ist Rolf mit dem Skizzenblock unterm Arm in den Elefantenstall gegangen, wenn alle anderen beim Schwimmen waren.

Die Malerei hat er 1989, nach einer mehrjährigen Theaterkarriere, zu seinem Hauptberuf gemacht, weil sie ihm erlaubt, täglich aufs neue zu kreieren, was er will. In seinem zwölf mal zwölf Meter großen Atelier, das an den zum Wohnhaus ausgebauten Schafstall angrenzt, bemalt Rolf Teile alter Zirkuszelte. Sie müssen vor Mitte der siebziger Jahre hergestellt worden sein, denn nur dann sind sie nicht aus Plastik, sondern aus Baumwolle oder Hanf. Was heute seine Spezialität ist, ist aus der Not entstanden. Als er eines Tages kein Papier mehr hatte, ließ er sich vom Sattler ein Stück Zelt geben. Ein französischer Kunstkritiker, der gerade zu Besuch war, sah dies

In seinem zwölf mal zwölf Meter großen Atelier bemalt Rolf Knie Teile von alten Zirkuszelten. Er liebt die Freiheit, jeden Tag aufs neue kreieren zu können, was er will, doch er weiß, daß die Malerei auch enorm viel Disziplin erfordert

und versuchte, den erstaunten Rolf davon zu überzeugen, daß dies ›sein Weg‹ sei. Das muß Rolf schließlich doch eingeleuchtet haben, denn heute findet er, daß »die Zelte mit ihren Lederverschnürungen ja selbst schon fast den Status einer Skulptur haben«.

Ebenso zufällig ist Rolf nach Mallorca gekommen, weil er 1978 seine golfbegeisterte Mutter besuchte, die sich hier niedergelassen hatte. Die Insel interessiert ihn aber gar nicht so sehr – jedesmal, wenn er in Palma gelandet ist, fährt er auf direktem Wege die siebzig Kilometer zu seinem Haus in Artá. Selbst die nahegelegenen Coves del Drac, für die seine Freunde so schwärmen, hat er bis heute nicht gesehen. Von den ›Drachenhöhlen‹ aus, die im Altertum als Zufluchtsort genutzt wurden, können unerschrockene Besucher den Sonnenaufgang beobachten, begleitet von Händel-Musik. Doch Rolf Knie zeigt für die Tropfsteinhöhlen so wenig Interesse wie für andere Sehenswürdigkeiten – er malt seine eigene Welt.

EIN HAFEN
FÜR MODERNE PIRATEN

Für Ramon Castaner und seine zwei Brüder war es immer klar, daß sie Fischer werden, genau wie der Vater und der Großvater auch

IM RHYTHMUS DES MEERES

Ramon Castaner und seine beiden Brüder haben sich nie die Frage gestellt, ob sie sich zum Fischen hingezogen fühlen oder nicht. Sie brauchten etwas zu essen und mußten an ihre Familien denken. Und so sind sie, genau wie ihr Vater und Großvater vor ihnen, Fischer geworden.

1952 kam der Katalane Miguel Fargas in die Cala San Vicente und baute dort einen ›Varadero‹, eine Art Trocken-Anlegeplatz, für den er eine Konzession auf neunzig Jahre erworben hatte. Eines Tages bat er den jungen Ramon, der damals ein Stück oberhalb in der Cala Barcas wohnte, ihm die Schlüssel zum ›Varadero‹ nachmachen zu lassen. Einen Satz davon überließ er dann Ramon – einfach so. Der nutzt die Anlegestelle seit nunmehr über vierzig Jahren mit seinen Brüdern und kümmert sich um die Instandhaltung.

Im Frühjahr und Sommer fährt Ramon schon morgens um vier mit seinem Boot aufs Meer hinaus. »Polar« hat er es getauft, so heißt die Familie seiner Mutter – und sein Lieblingsstern. Bei seiner Rückkehr zwischen zwölf und drei Uhr – das hängt von der Strömung ab – wird er schon sehnsüchtig erwartet. Der schwarz-weiße Silvester, die feuerrote Doni und die zwei Graugetigerten, Catino und Catina, fordern miauend ihren Anteil am Fang des Tages. »Während ich meine Netze flicke, erzähle ich ihnen, ohne dabei den Mund zu öffnen, von meiner harten Arbeit und meinem einsamen Vergnügen mit dem Meer.«

Oft kommen den Junggesellen im ›Varadero‹ Familienmitglieder und Freunde besuchen, um in aller Ruhe die Dinge des Lebens zu bereden. Dann kocht er ihnen ein typisch mallorquinisches Gericht, wie den ›Arroz marinero‹ (Reis mit Meeresfrüchten) oder eine Fischsuppe: »Wir Männer des Meeres verwandeln uns gerne in Köche und improvisieren ein Fest.« Einzig die Langusten bleiben dem Verkauf vorbehalten. Sie sind besonders schwer zu fangen, oft sind mehr Steine als

Krustentiere im Netz, und Ramon muß dann den Rest des Tages damit verbringen, seine Netze zu reparieren.

Vor ein paar Jahren gab es noch Touristen, die lange genug blieben, um sich mit ihnen anzufreunden und sie zu bekochen. Doch viele von ihnen verlieben sich in die Insel, kaufen Grundbesitz und treiben so die Preise in für Einheimische unerschwingliche Höhen. Das, so sagt Ramon, ist das Dilemma der Mallorquiner, wie ein Katze, die sich in den Schwanz beißt. Natürlich sind auch die Preise für seine Fische gestiegen, doch nicht annähernd im selben Tempo wie alles andere. Da kommt er ins Sinnieren: »Zum Glück hat das Meer den Sinn meines Lebens noch mit keiner Hypothek belastet.«

Das Leben allein mit dem Meer hat Ramon zu einem Poeten gemacht, der in blumenreicher Sprache philosophieren kann. Seine Freunde meinen, er solle seine Gedanken aufschreiben, sie seien auch für andere Menschen wertvoll. Doch Ramon glaubt nur an das gesprochene Wort – und wenn es auch vom Winde verweht wird.

»Polar« hat Ramon sein Boot getauft, nach der Familie seiner Mutter und dem nördlichsten Stern. Im Sommer fährt er schon um vier Uhr morgens aufs Meer hinaus, da bleibt nachmittags genug Zeit für einen Plausch mit einem Freund

Langusten fischen ist ein besonders heikles Geschäft, denn um sie zu fangen, muß Ramon seine Netze ganz nah über dem Meeresgrund ziehen lassen. Dabei ›fängt‹ er oft mehr Steine als Langusten und muß den Rest des Tages damit verbringen, seine Netze zu flicken

Die Kochstelle in seinem ›Varadero‹ nutzt Ramon häufig. Dort bekocht er Familie und Freunde mit ›Arroz marinero‹ und ähnlichen typisch mallorquinischen Gerichten

CAFÉ

Die Schimmelstuten Baci (rechts) und Nadra und das frühere Rennpferd Thommy Daily sind Patricks ganzer Stolz

GENTLEMAN'S ESCAPE

Patrick, ein in Algerien geborener Franzose, begleitete seinen Vater schon in frühester Jugend auf dessen Schiffsreisen ins nur hundertvierzig Kilometer entfernte Mallorca. Als der Vater dann Ende der siebziger Jahre eine mallorquinische Finca aus dem achtzehnten Jahrhundert kaufte, nur um daneben ein größeres und moderneres Haus bauen zu lassen, nahm Patrick sich der vernachlässigten Finca an und renovierte sie. Obwohl er als Notar in Paris ein bewegtes gesellschaftliches Leben führte und in der ganzen Welt herumkam, zog es Patrick immer wieder auf die Baleareninsel, so daß er zum Schluß das halbe Jahr hier verbrachte. Das Fünfhundert-Quadratmeter-Haus des Vaters nutzte er, weil es kühler war, noch eine Zeitlang als Sommerresidenz, doch seit Patrick eine Klimaanlage in die neunzig Quadratmeter große Finca bauen ließ, dient der Neubau nur noch als Gästeunterkunft.

Vielleicht hat der starke Eisengehalt der Serra de Tramuntana, der laut Patrick nicht nur die Instrumente der Seefahrer vom Kurs abbringt, sondern auch eine magnetische Anziehungskraft auf ungewöhnliche Menschen ausübt, bei ihm seine Wirkung getan. Oder es lag tatsächlich nur daran, daß eines Tages seine Autos hier in der Garage standen, seine Boote hier im Hafen verankert waren und seine Freunde die hiesigen Bars bevölkerten – was für ihn die ausschlaggebenden Gründe für die Wahl eines Wohnortes sind. Jedenfalls beschloß Patrick Mitte der neunziger Jahre, dem mondänen Leben in Paris den Rücken zu kehren und ganz nach Mallorca zu ziehen.

Sein Freundeskreis ist international – Engländer, Amerikaner, Franzosen. Man trifft sich privat zu Dinnerparties im kleinen Kreis oder verabredet sich zu Segeltörns, die mehrere Tage dauern können. Dabei macht es keinen Unterschied, ob jemand ein reicher Ex-Bankier oder ein gestrandeter Artist ist: »Hier setzen sich Menschen gemeinsam an einen Tisch, die in ihrer Heimat nie Kontakt miteinander hätten.«

Die Boote sind inzwischen von den zwei Araberstuten Baci und Nadra und dem englischen Rennpferd Tommy Daily abgelöst worden, die Patrick liebevoll umsorgt. Und statt der Boxerhündin Pénélope, die Patrick trotz ihres angeblich schlechten Charakters zwölf Jahre auf Schritt und Tritt durch das Pariser Nachtleben begleiten durfte, tummeln sich nun die Pointerhündin Morgane und die Promenadenmischung Mooni auf dem Sofa. Die sind zwar noch nie im Cabrio durch Paris gefahren, doch dafür bellen sie auch keine edlen etruskischen Steinköpfe aus dem Jahr 326 vor Christus an, etwas, was ihre Vorgängerin so lange getan hat, bis Patrick besagten Kopf exorzisieren ließ!

Einzig Patricks beeindruckende Kunstsammlung – »Früher habe ich Gemälde, Autos und Frauen gesammelt, heute sammle ich nur noch Gemälde« – hat ihn in seine neue Heimat begleitet. Zumindest teilweise. Da Patrick, wie er betont, Kunst aus Leidenschaft sammelt und nicht, um damit Geld zu verdienen, verkauft er immer mal wieder einen Teil seiner Kollektion, um Platz für Neues zu schaffen. Ebenso vertreibt er sich häufig die Zeit damit, seine Bilder umzuhängen. Wenn er nicht so viele verschiedene Interessen hätte, wozu auch die Astronomie, die Literatur und das Internet zählen, könnte ihm die Zeit in der selbst gewählten Einsamkeit manchmal zu lang werden. Denn für ein Inselleben, das hat Patrick mittlerweile erfahren, muß man ein ›reiches Innenleben‹ haben.

Die englische Pointerhündin Morgane und die mallorquinische Mischlingshündin Mooni (vorne) begleiten Patrick auf Schritt und Tritt

In seinem Schlafzimmer hat
Patrick ein Portrait der
Schauspielerin Lea Grès Urban
aus den dreißiger Jahren

Das Portrait einer Familie
im Winter (über dem Sofa)
stammt von dem belgischen
Künstler Paul Klein

IM TAL DER TOLERANZ

Zwei liebevoll ausgestattete Gästezimmer – ein pinkfarbenes und ein blaues – zeugen von der großen Leidenschaft des katalanischen Hoteliers Daniel und seiner zweiten Frau, der schönen Mexikanerin Inma: Besucher bewirten. Wie selbstverständlich wird jeder Gast, auch wenn er zum erstenmal da ist, eingebunden in den Familienalltag, der von lebhaften Mahlzeiten, kräftigen Farben und laut tönender Opernmusik bestimmt ist. Ganz offensichtlich ist Daniels Beruf seine Berufung, und man kann davon ausgehen, daß die beiden mallorquinischen Paläste in Pollença und Artá, die er gerade zu exquisiten Hotels ausbaut, genauso viel Vitalität und Herzlichkeit ausstrahlen werden wie das private »Varitx«. Es ist offensichtlich, daß Daniel, der seine erste Frau bei einem Autounfall verloren hat, die sportliche Inma anbetet, und er versucht auch nicht, seinen Stolz auf seine vier Kinder zu verbergen. Sogar Haushälterin Maria, deren Kochkünste Daniel einige Kilo Zugewinn beschert haben, wird mit einem Küßchen verabschiedet, bevor die Familie ausgeht, und selbst der zottelige Schäferhund Kimbo strahlt die ruhige Gewißheit aus, daß er geliebt wird.

Daniel Riera-Marsa und seine Frau Inma Jorge, beschützt von Kimbo, in ihrem Patio

Mag sein, daß all dies auch ein wenig mit der glücklichen Lage des Hauses zu tun hat, das bereits im ersten Kataster Pollenças anno 1236 unter Jaime, dem Eroberer, zum erstenmal erwähnt wird. In diesem Tal befand sich nämlich eine der zwei arabischen Siedlungen, die König Jaime I., der christliche Wiedereroberer, respektierte, da die Bewohner sogenannte Zahoris, also Wünschelrutengänger waren.

Eine Holzpresse und die dazu gehörenden Mühlsteine, die bei Renovierungsarbeiten gefunden wurden, lassen außerdem darauf schließen, daß es hier im siebzehnten Jahrhundert eine ›Tofona‹

Wie gerahmt wirkt der Blick vom Patio über den Pool und den Garten bis in die Berge, die Daniel mehr liebt als das nahegelegene Meer

(Ölpresse) gegeben hat. Nachdem eine mallorquinische Familie das Haus 1735 bis zu seiner heutigen Größe von zirka sechshundertfünfzig Quadratmeter erweitert hatte, überließ man es eine ganze Weile dem Verfall, bis sich schließlich 1980 ein Engländer daran wagte, die Ruine wiederaufzubauen. Der beging den Frevel, den alten Fußboden mit Sand aufzuschütten und darüber Fliesen zu verlegen, und er fügte auch einige fremdartige Holzvertäfelungen und Stuckverzierungen hinzu, doch ansonsten scheint Daniel, der ihm »Varitx« 1997 abgekauft hat, mit dem Werk seines Vorbesitzers weitgehend zufrieden zu sein. Er wird das Haus in seinen Grundstrukturen wieder so herstellen, wie es früher einmal war, und der Garten soll von zehntausend Quadratmeter auf achtzehntausend Quadratmeter vergrößert werden.

Inma, für die Innendekoration zuständig, hat die Wände im Stil der Landhäuser von Barcelona, den ›Macias‹, kalken und mit bunten Pigmenten streichen lassen. Um den leicht gestreiften Effekt zu erzielen, wurden altmodische Reisigbesen benutzt, an denen sich noch etwas Laub befindet, wie sie in Pollença heute noch hergestellt werden. Die zarten Blumenfresken im Badezimmer und im Eßzimmer hat sie selber gemalt. Die bisher hauptsächlich aus Barcelona stammende Einrichtung soll nach und nach durch französische und mallorquinische Antiquitäten ersetzt werden, wie es sie demnächst auch in Inmas Antiquitätengeschäft »Sa Fonteta« in Pollença zu kaufen geben wird.

Nur noch zu Besuch kommt die achtzehnjährige Alicia, die auf dem Festland studiert. Aber das Reich der jüngsten Tochter bleibt unangetastet: Über ihrem Schreibtisch im kleinen Salon hängen Stiche aus dem neunzehnten Jahrhundert, die sie sammelt, und in ihrem grünen Schlafzimmer liegen ihre Lieblingsbücher neben dem Bett. Die Farben für ihr Appartement hat Alicia gemeinsam mit ihrer Mutter Inma ausgewählt

Eines der beiden großzügigen Gästezimmer im ersten Stock der uralten Finca ist ganz in sanftes Pink getaucht. Es steht, ebenso wie sein blaues Pendant, nur selten leer. Das Gemälde stammt von Juan Serra, einem der einheimischen Künstler, die zu den Freunden des Hauses zählen

Oben links: Das Haus dieser gastfreundlichen Familie wurde bereits im ersten Kataster Pollenças aus dem Jahr 1236 erwähnt

Oben rechts: Um den Eingangsbereich zu vergrößern, hat Daniel zwei Türen entfernen lassen. »Ich kann Türen nicht ausstehen«, erklärt der ›Herr des offenen Hauses‹

Linke Seite: Die zarte Freske über der Badewanne stammt von Inmas Hand

Verwunschen in einem üppigen Park liegt die ehemalige Vanderbilt-Residenz

MAGISCHER ORT

Pollença scheint über eine magische Aura zu verfügen. Warum sonst wäre der Dalai Lama, der in jedem seiner Leben eine bestimmte Anzahl von Orten aufsuchen muß, Anfang der neunziger Jahre ausgerechnet hierher gereist? Und dann geschah auch noch so etwas wie ein Wunder, als er ein von Buddhisten-Mönchen errichtetes Ashram in der Serra de Tramuntana besuchte. Vorausgereiste tibetische Mönche hatten in monatelanger Arbeit ein hochkompliziertes Mandala aus lose verstreuten Farbpigmenten hergestellt und trugen es nun zu Ehren des hohen Besuches ins Freie. Normalerweise werden diese rituellen Kunstwerke in Sekundenschnelle vom Wind in sämtliche Himmelsrichtungen getragen – als Symbol der Vergänglichkeit. Das Mandala jedoch, das in Pollença geschaffen wurde, widerstand dem Wind. Daraufhin bestimmte der Dalai Lama, daß es ausnahmsweise der Nachwelt erhalten bleiben soll, als eines der ganz raren Pigmentbilder dieser Art weltweit. Es ist im Museum von Pollença zu sehen, geschützt von einer Glasplatte.

Die Magie des Ortes zog auch einen Südamerikaner unwiderstehlich an, der in seiner Kindheit viele Ferien auf Mallorca verbracht hatte und nun auf der Suche nach einem Haus war, das er in Erinnerung an die vergangene Zeit gestalten wollte. Statt dessen fand er eine verwunschene Finca, die so, wie sie war – einschließlich der Einrichtung –, genau seinen Vorstellungen entsprach. Schon als er das erstemal durch den großen, terrassenförmig angelegten Garten auf das isoliert stehende Gebäude zuging, hatte er den Eindruck, dies alles bereits zu kennen – das Rauschen der Blätter im Wind, das Knarzen der Fensterläden und das Spiel von Licht und Schatten auf der weinberankten Fassade. Es war, als hätte er in der Vanderbilt-Residenz seine Wurzeln wiedergefunden.

Und deswegen ruhte er nicht, bis er die prächte Finca mit allem Drum und Dran kaufen konnte. Denn auch die portugiesischen Antiquitäten und die mit klassischen mallorquinischen ›Zungenstoffen‹ (roba de llengo) bezogenen Polstermöbel waren nach seinem Geschmack, und sogar an der kuriosen Sammlung von Pudelgemälden der Frau Vanderbilt fand er Gefallen. Die exzentrische Dame aus dem höchsten amerikanischen Geldadel hatte stets darauf bestanden, ihre geliebten Schoßhunde mitzunehmen auf die Insel. Die Tatsache, daß der enthusiastische Südamerikaner die ganze Einrichtung einschließlich der kaniden Ahnengalerie unverändert übernehmen wollte, gab sicher den Ausschlag für den Verkauf. Außerdem mußten die Vanderbilts, die das Haus in den siebziger Jahren dem einer deutschen Adelsfamilie entstammenden Amerikaner Douglas Auffmurt abgekauft hatten, deswegen nicht auf Mallorca verzichten – sie besitzen noch drei weitere Anwesen auf der Insel. Der neue Besitzer änderte bis heute nichts an der Einrichtung, die von dem portugiesischen Innenarchitekten Eduardo Pinto stammt. Nur dem großzügigen Park drückte er seinen eigenen Stempel auf, indem er ihn mit Skulpturen zeitgenössischer Künstler ›möblierte‹.

Zartrosa Stelen mit Tierkreiszeichen bewachen einen Brunnen – eine der zahlreichen Skulpturen im Park

Der traditionelle mallorquinische ›Zungenstoff‹ wurde im ganzen Haus verwendet, für die Stühle im Eßzimmer ebenso wie für Sofas

Die Einrichtung ließ Familie Vanderbilt von dem portugiesischen Innenarchitekten Eduardo Pinto vornehmen, der die Antiquitäten in seiner Heimat aussuchte

Die Keramikkünstlerin Margarita Escalas hat sich in Japan und Griechenland fortgebildet, ehe sie in ihre Heimat Mallorca zurückkam

LAND-REFUGIUM

Ob Inselbewohner sich manchmal ›reif für die Welt‹ fühlen, so wie Großstädter von der wohltuenden Isolation der Insel träumen? Der Verdacht drängt sich auf, wenn man erfährt, wie viele Mallorquiner aus der vermeintlichen Enge zu neuen Ufern aufbrachen – allen voran Christoph Columbus, von dem viele Forscher glauben, daß er aus dem Südosten Mallorcas stammt. Auch Margarita Escalas, deren Mutter einen Frisiersalon in Santanyí besaß, hatte eines Tages den Eindruck, daß sie in ihrer Geburtsstadt und mit dem heimischen Kunsthandwerk der Keramik nicht weiterkäme. Die traditionellen Gebrauchsgegenstände befriedigten ihren Ehrgeiz nicht – es mußte woanders ganz andere Dinge geben.

Margarita ging zum Studium nach Barcelona, wo sie Freundschaft mit einem anderen ›Mallorca-Flüchtling‹ schloß: Miguel Barcelo, inzwischen zu Weltruhm gelangt als einer der besten zeitgenössischen spanischen Maler. Die Begegnung mit ihm und anderen Künstlern weckte in ihr den Wunsch, weitere Grenzen zu sprengen. Sie beschäftigte sich mit der hochentwickelten Keramikkunst der Japaner und hielt sich in Griechenland auf, um sich auch dort mit überlieferten und neuen Techniken auseinanderzusetzen. 1985 muß sie das Gefühl gehabt haben, genug gelernt zu haben, Margarita kehrte heim, wie es die meisten Mallorquiner tun, wenn sie gesehen haben, daß die Welt woanders nicht schöner ist.

Zunächst ließ Margarita sich mitten in Palma nieder, wo es ein Boheme-Viertel gibt, das ihr ständigen Kontakt mit anderen Künstlern ermöglichte. Aber auf die Dauer war der Lärm ihrer Maschinen und der Rauch ihres Brennofens eine zu große Zumutung für die Nachbarn, und Margarita suchte sich ein Refugium auf dem Land. Das alte Bauernhaus, in dem sie jetzt mit ihrer schulpflichtigen Tochter lebt und das sie ganz behutsam renoviert hat, liegt nur zwanzig Minuten von Palma entfernt. Sie teilt es, wie in Mallorca üblich, mit Hühnern, Katzen und Hunden. Aus dem ehema-

Links: Ihre Werkstatt im Boheme-Viertel von Palma mußte Margarita aufgeben, weil der Lärm ihrer Maschinen die Nachbarn belästigte. Jetzt arbeitet sie auf dem Land

Rechts: 1997 wurde Margarita in Valencia als beste Keramikerin Spaniens ausgezeichnet

ligen Stall ist ihr Atelier geworden, in dem ihre ungewöhnlichen, von Kennern hochgeschätzten Keramiken entstehen – heller Ton mit eingeritzten und aus verschiedenen Materialien eingelegten Zeichen. Manchmal sehen die Vasen, Amphoren, Teller, Fliesen und Kugeln aus, als kämen sie aus antiken Ausgrabungen, dann wieder wirken sie wie ganz moderne Kunstgegenstände. Als Margarita ihre erste Ausstellung in Palma hatte, waren innerhalb einer Stunde fast alle Stücke verkauft, und zwar an Einheimische. Vielleicht ist es woanders so, daß der Prophet nichts im eigenen Lande gilt – auf Mallorca gilt der Künstler der Insel sehr viel. Das Rathaus von Palma erwarb mehrere Arbeiten von Margarita, lange bevor sie 1997 in Valencia als beste Keramikerin Spaniens ausgezeichnet wurde. Darunter einen ungewöhnlichen Terrassen-Tisch mit Einlegearbeiten, für den Margarita viele Nachfragen bekam. Aber die Künstlerin weigert sich, irgendein Stück in Serie gehen zu lassen, und sei es auch nur ein Gebrauchsgegenstand.

Wenn Margarita sich heute den Wind um die Nase wehen lassen will, dann genügt es ihr, mit ihrem Boot Mallorcas Küsten entlangzusegeln.

142

DAS VERSTECK DER FEINEN LEUTE

Die »Quinta Roxana« liegt direkt an einer kleinen, pinienbewachsenen Bucht auf dem Cabo Formentor

GESCHLOSSENE GESELLSCHAFT

Rechte Seite: Den Plätscherbrunnen schmückt eine kostbare Riesenfossilie

Wenn die Privatsphäre irgendwo auf Mallorca wirklich geheiligt ist, dann auf der Halbinsel Cabo Formentor im äußersten Nordwesten. Dort treffen sich die Reichen und Berühmten dieser Welt für ein, zwei Sommermonate im Jahr, um ganz unter sich zu sein. Das war früher schon so, als es außer dem Fünfsternehotel »Formentor«, das Tourismusgeschichte gemacht hat, kaum ein Haus an der steilen Küste gab. Und das ist heute erst recht so.

Denn in den aufwendigen Villen, die oft wie Adlerhorste in die Klippen hoch über dem Meer gebaut wurden, auf jeden Fall aber immer versteckt und geschützt liegen, genießen meist Menschen ihren Urlaub, die guten Grund haben, die Anonymität zu suchen. Es sind Personen, die wegen ihrer Position oder ihres Geldes Entführungen zu befürchten haben oder mindestens Belästigungen – aber auch solche, die nur die Finanzämter dieser Welt fürchten ...

Die »Quinta Roxana« liegt relativ offen unten an der Bucht. Aber auch ihr Besitzer, ein südamerikanischer Geschäftsmann, möchte ungenannt bleiben, weniger zum eigenen Schutz als zu dem seiner Gäste. Denn für vier Wochen im Jahr, wenn er hier seinen Urlaub macht, führt er ein offenes Haus, dann kommen Politiker und Wirtschaftsbosse, Künstler und Literaten zu ihm. Oft sind es Nachbarn vom Cabo Formentor, und es gehört zum Ehrenkodex dieser exklusiven Gemeinde, keine Namen zu nennen.

Vor zehn Jahren noch war die »Quinta Roxana« ein ganz einfaches kleines Strandhaus. Erst der jetzige Besitzer baute sie zur geräumigen Villa aus, in der die Familie, ihre drei herangewachsenen Kinder, der Hund und viele Freunde Platz finden. Seither wird die ungewöhnliche Sammlung alter religiöser Kultgegenstände und moderner Malerei (darunter ein Tàpies) jedes Jahr um ein Kunstwerk erweitert. Ein Grund mehr, warum im Sommer so viele Menschen in dieses gastfreie Haus drängen.

In diesem Speisesaal haben schon zahlreiche Berühmtheiten, die lieber ungenannt bleiben wollen, einen entspannten Abend verbracht

Rechte Seite: Die hölzernen Trinkgefäße stammen aus Peru und wurden bereits von den Inka bei religiösen Zeremonien eingesetzt

Das Haus der Familie Pignatari am Cabo Formentor ist durch und durch von der starken Persönlichkeit Fernanda Pignataris geprägt, die es in den sechziger Jahren erbauen ließ

HAUS DER ERINNERUNG

Als Federico Pignatari 1960 das erste Mal nach Mallorca kam, war er noch ein Teenager. Seine willensstarke Mutter Fernanda hatte sich mit ihm und seinen beiden jüngeren Brüdern auf ihrer Segelyacht von Italien aus, wo die Familie lebte, zur üblichen Sommerkreuzfahrt aufs Mittelmeer begeben. Mit an Bord waren Truhen voller Tafelsilber, gutem Leinen und anderen nützlichen Kleinigkeiten, denn damals reiste man noch mit Stil. Auf diese Weise lernten sie Mallorca kennen, das damals noch keineswegs der Touristenmagnet war, der es heute ist, ganz zu schweigen vom Cabo Formentor, dem nördlichsten Zipfel der Insel. Doch ausgerechnet an diesem rauhen Küstenstreifen und nicht etwa im damals populären Saint-Tropez beschloß Fernanda, sich ein Haus bauen zu lassen. Da Formentor nur ein Fischerdorf mit etwa fünf Kneipen und einem Restaurant war, erwies sich das Vorhaben als relativ schwierig, und so mußten die meisten Baumaterialien eigens aus Barcelona eingeschifft werden. 1963 war es dann endlich soweit: Fernanda war stolze Besitzerin eines zirka fünfhundert Quadratmeter großen Hauses auf Mallorca. Das direkt am Meer liegende Resultat war mit solch prachtvollen Antiquitäten ausgestattet, daß höchstens das berühmte Hotel »Formentor« ein paar Buchten weiter damit hätte konkurrieren können. Am bemerkenswertesten war und ist jedoch Fernandas Badezimmer, dessen Kacheln ein riesiges, sich bis über die Türe erstreckendes Wandbild ergeben. Der spanische Künstler, der die Kacheln mühevoll bemalt, numeriert und verlegt hat, ließ sich nur dreimal zu solch einem komplizierten Auftrag überreden, danach lehnte er alle Anfragen kategorisch ab – zu aufwendig.

Das alles interessierte Federico damals herzlich wenig, so kann er sich heute nicht einmal an den Namen des Architekten erinnern, den die Mutter engagiert hatte. Doch das gesellschaftliche Leben jener Zeit ist ihm noch so präsent, daß er Fotos von damals gerne versteckt: Es waren die Anfänge der Hippie-Zeit, und auch Federico

Links: Der neoklassizistische Tisch beherrscht das für seine spektakuläre Aussicht berühmte Eßzimmer. Die lederbezogenen Stühle aus Walnußholz sind von zirka 1730 und stammen, ebenso wie der reichverzierte Spiegel über der Konsole, aus Italien

Rechts: Da Federico Pignatari und seine Familie das Haus nur noch als Sommerresidenz nutzen, herrscht hier inzwischen weniger Trubel als in den wilden Sechzigern

ließ sich eine lange Mähne wachsen und feierte wilde Strandparties mit betuchten Aussteigern aus aller Welt, für die Formentor ein bevorzugter Sammelpunkt war. Als ältester von drei Brüdern war er der natürliche Anführer, wenn es darum ging, die Insel und das Nachtleben zu erforschen. So kommt es, daß er Mallorca als seine Heimat sieht, während seine Brüder nur zu Besuch kommen. Erst jetzt beginnt Federico, der ein begeisterter Segler ist und sich mehr für Boote als für Häuser interessiert, sich mit dem Erbe der Mutter zu beschäftigen. Immerhin hat er eine Liste der Antiquitäten aufstellen lassen und dabei entdeckt, daß er doch an dem einen oder anderen Stück mehr hängt, als er dachte – weil wunderbare Erinnerungen an seine Jugendzeit damit verbunden sind.

Längst hat Federico den langen Haaren abgeschworen, aber seine Sommer verbringt er nach wie vor auf Cabo Formentor. Die übrige Zeit des Jahres lebt er mit seiner schwedischen Frau und den beiden Teenager-Töchtern in einem großen Appartement in Porto Pollença, wo sein Boot liegt und wo die Töchter leicht zur Schule kommen – oder vielleicht auch in die Disko ...

Das Badezimmer ist eine echte Seltenheit, denn der spanische Künstler, der die Kacheln bemalt hat, gab nach drei Bädern dieser Art auf. – Die Kacheln alle zu numerieren und richtig zu plazieren war ihm auf Dauer zu kompliziert

Das ehemalige Schlafzimmer Fernanda Pignataris schmückt ein antiker spanischer Apothekenschrank

KLEINE PARADIESE FÜR KÜNSTLER

Die zierliche Engländerin Anna Grünfeld lebt inzwischen zwar ganz alleine auf »Son Rullan«, hat jedoch so oft Besuch, daß sie sich nicht einsam fühlen muß

HOCHBURG DER KÜNSTE

Rechte Seite: Die Engelreliefs über dem Haupteingang erinnern noch an die Zeit, als »Son Rullan« ein Kloster war. Das Fundament des Hauses stammt aus dem dreizehnten Jahrhundert

Wer heute zu dem gut achthundert Meter über dem Meeresspiegel liegenden »Son Rullan« gelangen möchte, muß sein Auto über den wahrscheinlich abenteuerlichsten Feldweg Mallorcas durch eine Ansammlung von Schlaglöchern quälen. Außer er wählt den klassischen Aufstieg und geht zu Fuß an den über tausendjährigen Olivenbäumen vorbei, so wie es die Mönche, die dieses Land im dreizehnten Jahrhundert bestellt haben, wohl zu tun pflegten. Oder aber er reitet, wie Anaïs Nin dereinst, mit dem Esel durch die Olivenhaine.

Doch mit welchem Transportmittel der Aufstieg auch gelingen mag – er lohnt sich. Anna Grünfeld kam Ende der sechziger Jahre das erste Mal diesen Berg herauf, und obwohl sie den spektakulären Ausblick auf Erzherzog Salvators früheren Landsitz »Son Marroig« und das dahinterliegende Meer gar nicht genießen konnte, weil es bereits dunkel war, verliebte sie sich sofort in diesen Ort. Mag sein, daß das etwas mit Schriftsteller und Musikwissenschaftler Frederic V. Grünfeld zu tun hatte, der gerade drei Jahre damit verbracht hatte, »Son Rullan« renovieren zu lassen und den Anna später geheiratet hat. Dennoch sollte der Charme des Hauses selbst nicht unterschätzt werden. Speziell das acht Meter hohe Musikzimmer mit dem Ibach-Flügel, den Frederic via New York aus Berlin mitgebracht hatte, faszinierte Anna damals.

»Das Problem mit Mallorca besteht darin, daß es einen für die wirkliche Welt verdirbt«, hat Frederic einst geschrieben. Diesen Effekt mag die Insel auf die zierliche Engländerin Anna damals tatsächlich gehabt haben, trotzdem wirkt sie heute noch so, als käme sie in jeder internationalen Metropole zurecht. Und die Wirklichkeit holte sie leider auch an diesem märchenhaften Ort ein, als ihr Mann 1988 starb.

Dennoch wollte sie in »Son Rullan« bleiben, selbst ohne die beiden Söhne, die in England studieren und sie nur in den Ferien besuchen können, denn nirgendwo gefällt es Anna so gut wie hier. Allein ist sie ohnehin selten, denn abgesehen von

Rechte Seite oben: Die Drehstühle vor dem Schachbrett standen früher in einem Frisiersalon

Rechte Seite unten: Rechts sieht man noch den Mühlstein der sogenannten Tafona, in der die Mönche, die hier einst lebten, Olivenöl gepreßt haben. Die roten Kreuze an der Wand, mit denen die Olivenernte errechnet wurde, sind bei Renovierungsarbeiten freigelegt worden

ihren vielen in der Nachbarschaft lebenden Freunden und den ständig anwesenden Katzen gibt es genügend Anwärter auf Annas Gästezimmer, von denen eines sogar eine Badewanne mit Meerblick bietet. Jedes Jahr im August ist Anna vollauf mit dem Musik-Festival beschäftigt, das auf »Son Marroig« stattfindet. Für den engeren Freundeskreis werden die Stücke von Beethoven, Bach oder Brahms dann sogar auf »Son Rullan« live gespielt.

Einen Teil ihrer vierzehn Zimmer vermietet Anna manchmal für eine Hochzeit, eine Flamenco-Geburtstagsfeier oder das ›Incentive‹-Wochenende einer deutschen Firma. So ist dieser abgelegene Ort hoch über dem Künstlerdorf Deià meist erstaunlich belebt, aber selbst wenn der Besucherstrom abreißt und draußen die Novemberstürme toben, liebt Anna ihre (nur mit kleinen norwegischen Öfen beheizte) Festung. Wahrscheinlich gehört sie ebenso sehr hierher wie ihr Mann, dem erst nach seinem Einzug wieder einfiel, daß er ja schon als Jugendlicher davon geträumt hatte, in einem alten Steinhaus am Mittelmeer zu wohnen: »Das gab mir ein seltsames Gefühl des Deià-vu. Seither habe ich aufgehört, meinen eigenen nördlichen Willen durchzusetzen; ich habe gelernt, mich mit den Wellen des Mittelmeers zu bewegen wie die glücklichen Leute, die hier geboren wurden.«

龔非然

Im Musikzimmer steht nach wie vor der Ibach-Flügel, den Frederic V. Grünfeld einst via New York aus Berlin mitgebracht hatte

Rechte Seite: Diese Treppe lag früher einmal außerhalb des Hauses und führte zum Aussichtsturm

Mati Klarwein vor der ›verbesserten‹ Version eines Gemäldes des Schweizer Malers Hermès aus dem Jahre 1915

DIE WELT ZU BESUCH

Was verschlägt den in Hamburg geborenen Sohn eines polnischen Juden, der mit zwei Jahren nach Palästina kam, im zarten Alter von sechzehn als Camouflage-Officer bei der Belagerung Jerusalems für die israelische Armee dienen mußte, mit siebzehn Jahren Fernand Légers Kunstschule in Paris besuchte, mit neunzehn vom zwanzigjährigen Ernst Fuchs in Sachen Maltechnik unterwiesen wurde und nach achtzehn Jahren den Wohnort Paris gegen New York eintauschte, wo er wiederum zwanzig Jahre lebte, auf einen mallorquinischen Berg? Weshalb gibt jemand ein Loft in der Canal Street in Tribeca auf, um seine ebenso altmeisterlich wie psychedelisch wirkenden Bilder statt dessen über den Dächern von Deià zu malen?

Weil Mati Klarwein, der oft jahrelang an einem Bild arbeitet, keinen Sinn mehr darin sah, dem Busineß der New Yorker Galerien nachzurennen, die dem Künstler fünfzig Prozent seines Gewinns, also mindestens ein halbes Jahr Arbeit oder sogar mehr, abfordern. Außerdem kannte Mati Mallorca schon lange. In seiner ›Paris-Phase‹ fuhr er regelmäßig nach Ibiza, bis eine Bootspanne den Einundzwanzigjährigen 1953 dazu zwang, auf Mallorca zu übernachten. Er nutzte die Gelegenheit für eine Busfahrt nach Deià, um einen Freund zu besuchen. Dort gefiel es ihm so gut, daß er drei Monate blieb. Und obwohl er einen kühlen, regnerischen Winter erlebte, kam Mati von da an jedes Jahr wieder und baute sich ein Haus am Wasser.

1985 hatte er eine Ausstellung in Palma, bei der jedes Stück verkauft wurde. Dieser ungewöhnliche Erfolg, die zentrale Lage Mallorcas und die Tatsache, daß viele seiner alten Freunde aus den sechziger Jahren in Deià wohnten, ließen in Mati den Entschluß reifen, ganz hierher zu ziehen. Oder, wie er selbst es profan ausdrückt: »Ich gehe dahin, wo das Geld ist und wo man gut leben kann.« Da es in Deià keinen Strand gibt, haben sich Touristen dort nie länger aufgehalten, deshalb konnte das Dorf sich zur Künstlerhochburg entwickeln.

Vor Konkurrenz dürfte Mati kaum Angst haben. Nicht nur, daß er die von Ernst Fuchs erlernte Tempera-Öl-und-Lasur-Technik perfekt beherrscht, von der alle Fachleute schwärmen, da man die Bilder nie restaurieren lassen muß; Mati arbeitet noch dazu an einer Serie aus Werken anderer Künstler, die er dreist ›verbessert‹ und später als Buch herausbringen will. Ein aus dem Jahre 1915 stammendes Gemälde des Schweizer Malers Erich Hermès verbessert er beispielsweise, indem er die Wolken im Hintergrund zu Elefanten ummalt, dem dargestellten Weisen Kopfhörer und Antennen aufsetzt und einen Billigradiowecker in den Berggipfel im Hintergrund einbaut. Opfer für seinen ›Verbesserungswahn‹ findet Mati überall. Oft sind es Gemälde vom Flohmarkt, manchmal schickt ihm ein befreundeter Künstler sogar ein eigenes Werk, mit dem er unzufrieden ist, und dann wieder meint Mati eine Skulptur verbessern zu müssen, was er tut, indem er sie von einem Foto verändert abmalt. Doch es gibt auch Werke, an denen selbst er nichts auszusetzen hat, wie das grimassierende Portrait eines Gitarrenspielers, der gerade eine Saite auswechselt, während ihm einige Flamencotänzerinnen über die Schulter schauen. Mati hat es auf einem Flohmarkt entdeckt, jetzt hängt es unangetastet in seiner Küche. Matis Selbstbewußtsein scheint genauso gesund zu sein wie sein Sinn für Humor, der nicht nur in den Begleittexten zu seinen Bildern sehr präsent ist. So sitzt er, Handy immer griffbereit, falls eines seiner vier Kinder aus zwei Ehen anrufen sollte, auf seinem Berg, überfliegt die Zeitungen und freut sich jeden Tag aufs neue, daß er hier oben frei leben kann, fern aller Galeristen und Fundamentalisten.

Mati behauptet, sein 1966 entstandenes, baumförmiges Tryptichon »Crucifixion« (rechts zum Teil zu sehen) habe ihm mehr Ärger eingebracht als alle Scheidungen dieser Welt

PALMA –
DIE SCHÖNE HAUPTSTADT

12
7
9
10

Guillem Llabres teilt sich das Atelier in seinem Haus in Palmas Künstlerviertel Santa Cruz mit einer guten Freundin namens Lurdes

WO MUSIK UND MALEREI EINANDER TREFFEN

Seit dreißig Jahren wohnt Guillem, ein gebürtiger Mallorquiner, mitten in Palmas Künstlerviertel Santa Cruz. Er hat dort ein Stadthaus mit großem Garten gemietet, das früher zu eben jenem Ende des neunzehnten Jahrhunderts aufgeteilten Stadtpalais des Grafen von Montenegro gehörte, dessen Bibliothek George Sand und Frédéric Chopin 1838 besichtigt haben.

Hier geschah es, daß einer der etwa fünfzig Diener des Grafen ein Tintenfaß über einer äußerst wertvollen Seekarte aus dem Jahre 1439 verschüttete. Zwar konnte die Karte restauriert werden, doch George Sand war sich sicher, daß der Vorfall ihr und Chopin in die Schuhe geschoben würde, weswegen sie die übrigen Schätze des Palais Montenegro gar nicht mehr zu besichtigen wagten.

Chopin-Verehrer Guillem ist der unangenehme Ausgang dieser Geschichte gleichgültig. Für ihn ist entscheidend, daß er auf den Spuren seines Idols wandeln kann. So teilen er und seine Freundin Lurdes, zwei von den über dreitausend Malern, die auf Mallorca leben und arbeiten, sich hier ein Atelier und die Gartenarbeit.

Musikfreund Guillem, der selbst Orgel spielt und antike Notenbücher mit gregorianischer Musik sammelt, ist neben seiner Tätigkeit als Maler auch noch Vizepräsident des von einem knappen Dutzend Intellektueller gegründeten Chopin-Festivals, das seit achtzehn Jahren jeden August in der Kartause von Valldemosa stattfindet. Wenn international bekannte Pianisten im Kreuzgang der Kartause, in der Chopin und George Sand während ihres berühmten ›Winters auf Mallorca‹ Zuflucht gefunden hatten, Chopins dort komponiertes Regentropfen-Prélude im Kerzenschein spielen, ist die Fangemeinde glücklich. Zirka eine halbe Million Besucher lockt der Chopin-Kult jährlich in die Kartause von Valldemosa – nicht zuletzt aufgrund dieser Konzerte.

Um den großen Garten kümmert Guillem sich selbst. Im Sommer empfängt der Mitbegründer des Chopin-Festivals hier seine zahlreichen Künstlerfreunde

Doch das von Guillem mitgeleitete Festival widmet sich nicht nur der Musik, es wird auch modernes Theater gespielt. Dennoch ist Guillem selbst in erster Linie ein wahrer Chopin-Fan. Sogar das Ginovart-Gemälde, das in seinem Wohnzimmer hängt, stellt Chopin dar. Und sein Landhaus ist, wie könnte es anders sein, in Valldemosa.

Guillems Einrichtung legt den Schluß nahe, daß nach Chopin das Sammeln von Gemälden und Skulpturen seine zweite Leidenschaft darstellt. Doch da widerspricht Guillem nachdrücklich. Daß er einen Tàpies, zwei Ginovarts und einige wertvolle Skulpturen aus dem siebzehnten Jahrhundert besitzt, habe sich im Laufe der Zeit mehr oder weniger zufällig ergeben …

Die große Frauenskulptur im Eingangsbereich zu Guillems Stadthaus ist ein Gipsmodell für eine Marmorstatue des Künstlers Mateu Fortaleza

Der Patio »Can Vivots« mit seinem sternförmigen Bodenmosaik und reichverzierten Säulen mit Kapitellen im maurischen Stil gilt als Sehenswürdigkeit für sich

DER PALAST DER BÜCHER

Rechte Seite: Der spätere Marquès de Vivot ließ sein aus dem fünfzehnten Jahrhundert stammendes gotisches Haus bereits 1685 vergrößern und vom Architekten Jaume d'Espinosa zu einem barocken Stadtpalais umbauen. Dieser Saal ist mit Möbeln des achtzehnten Jahrhunderts ausgestattet, der Leuchter stammt aus Murano

Nächste Doppelseite links: Bourbonenkönig Felipe V. schenkte seinem getreuen Anhänger, dem ersten Marquès de Vivot, sein seidenes Zelt, das dieser zu einem Baldachin für sein Bett umfunktionieren ließ

Nächste Doppelseite rechts: Die Einrichtung des Staatszimmers stammt aus dem achtzehnten Jahrhundert

Pedro Montaner, Direktor der Stadtarchive Palmas und Autor zahlreicher Bücher, lebt in »Can Vivot«, einem der wohl berühmtesten Gebäude Mallorcas. Nachdem die Bourbonen den Erbfolgekrieg um die Herrschaft Spaniens gegen die Österreicher 1714 gewonnen hatten, schaffte Bourbonenkönig Felipe V. Autonomie und Steuerfreiheit für die Mallorquiner ab – als Strafe dafür, daß sie auf seiten der Österreicher gestanden hatten. Seinen getreuen Anhänger Don Joan Sureda i de Villalonga jedoch, einen Vorfahren Don Pedros, ernannte er zum Marquès de Vivot und zum Regenten Palmas. Der Legende nach soll König Felipe V. ihm sogar einen mit Blumen bestickten Seidenstoff geschenkt haben, aus dem vorher sein Zelt gemacht war und den Don Joan zu einem Baldachin für sein Bett umfunktionieren ließ.

Fest steht, daß der spätere Marquès de Vivot sein aus dem fünfzehnten Jahrhundert stammendes Haus bereits ab 1685 vergrößern und vom Architekten Jaume d'Espinosa zu einem barocken Stadtpalais umbauen ließ.

Wand- und Deckenfresken des Künstlers Giuseppe Dardanone sowie italienische und flämische Gobelins aus dem siebzehnten Jahrhundert, reich verzierte Möbelstücke und eine Vielzahl von Familienportraits sorgen für »Can Vivots« opulente Ausstrahlung. Nachfolgende Generationen erwiesen dem luxuriös ausgestatteten Bauwerk ihren Respekt, indem sie kaum etwas an der Einrichtung veränderten. Pedro Montaner selbst lebt in einem Teil »Can Vivots«, der Ende des letzten Jahrhunderts das letzte Mal renoviert worden ist. Lediglich die inzwischen berühmte Bibliothek hat offenkundig eine Verwandlung durchgemacht, da sie im Laufe der Jahrzehnte deutlich umfangreicher geworden ist. Der erste Marquès de Vivot hatte sie übrigens König Felipe V. gewidmet, um diesem seine Verehrung auszudrücken. Heute finden sich im Gästebuch des Palastes so illustre Namen wie Bill und Hillary Clinton neben der Widmung von König Juan Carlos.

Die Decke in der berühmten Bibliothek von »Can Vivot« wurde von Giuseppe Dardanone mit allegorischen Gemälden versehen

Rechte Seite: Die Bücher, die von zehn Generationen der Familie zusammengetragen worden sind, handeln von der Geschichte des siebzehnten und achtzehnten Jahrhunderts

FABRICII BIBLIOT GRAECA TOM I
CASTRO BIBLIOTECA RABINICA ESPAÑOLA .I.
ROCCHA BIBLIOTHE VATICANA
MOHEDANO Historia Literaria de España .8.

Die Umwandlung »Can Vivots« in ein barockes Stadtpalais löste eine regelrechte Mode italienisch inspirierter Stadtpalais aus. Das Gemälde entstand im Italien des siebzehnten Jahrhunderts im Umkreis Orazio Gentileschis

Rechte Seite: Hoch über der Ehrentreppe im Patio thront das Familienwappen derer von Vivot

Kostbare flämische Gobelins aus dem siebzehnten Jahrhundert schmücken diesen Raum

ADRESSEN UND EMPFEHLUNGEN

BARS

Abaco
C. Sant Joan 1
Palma
Tel.: 71 49 39
Berühmte Bar mit üppiger Blumen- und Früchtedekoration, in der klassische Musik gespielt wird

Abacanto
Son Nicolau Cami Nou S/N
Ausfahrt San Castello, dann
Sa Indioteria/Camino 9
Palma
Tel.: 43 06 24
Auch die neueste Bar vom Abaco-Team sollte eher zu später Stunde (ab 23.00 Uhr) aufgesucht werden

Bar Bosch
Plaça Joan Carlos I
Palma
Kultbar aus den zwanziger Jahren

Bar español
Plaça Mayor
Pollença
Das altmodische Café ist *der* Treffpunkt in Pollença.
Bis zwei Uhr nachts geöffnet

El Barrigon
Archiduque Luis Salvador S/N
Deià
Tel.: 63 94 61
Freitags und samstags
Jazz- und Blues-Konzerte

Rincon de Vinos y Arte
Tina D. Hamann-Russow
Plaça Mayor 27
Santanyí
Tel.: 65 35 35

Tapas-Bar
Deià
Freitag- und Samstagabend
Jazz live

SUAU
DRY GIN
Especial
Vodka
KATIA
Vodka
Especial
SUAU
Ron
CARTA NEGRA
Ron
JUNGLA
Superfino
RON PONCHE CREMA
RON
VIEJISIMO
CREMA
DE
CACAO
ESTOMACAL
SANTA CRUZ
PIPERITA
PEPPERMINT
JyB
BRANDY
BRANDY
2
MALLORQUIN
Brandy
Selección
Brandy
Especial
1229
Brandy
Solera
1229
BRANDY VIEJISIMO
ETIQUETA NEGRA

RESTAURANTS

Balaixa
Ctra. Pollença
Porto Pollença, km 2
Tel.: 53 06 59
Elegantes kleines Restaurant an der Straße zwischen Pollença und Port de Pollença. Mediterrane Küche. Von März bis Oktober täglich ab 18.30 Uhr (an Sonn- und Feiertagen auch mittags) geöffnet

Ben's d'Avall
Urbanizacion Costa de Deià-Sóller
Sóller
Tel.: 63 23 81
Vor allem wegen der mediterranen Küche und des schönen Ausblicks zu empfehlen

Corb Marí
Avda. Anglada Camarasa 91
Crta. Formentor 72
Porto Pollença
Tel.: 86 70 40
Einfaches Restaurant an der Strandpromenade. Die Gambas à la plancha sind empfehlenswert

El Olivo
Finca Son Canals
Deià
Im Hotel Residencia
Tel.: 63 93 92
Nouvelle cuisine mit mallorquinischem Touch

Es Recó de Randa
C. Font 13
Randa
Tel.: 66 09 97
Fax: 66 25 58
Typisch mallorquinische Küche, z. B. in Form eines Sechsgängemenüs

Il Giardino
Plaça Mayor 11
Pollença
Tel.: 53 43 02
Gute italienische Küche direkt am Marktplatz. Die Ravioli mit Steinpilzen sind sehr zu empfehlen

Koldo Royo
Paseo Marítimo 3
Palma
Tel.: 45 70 21

Nach seinem berühmten baskischen Koch benannt. Sonntags Ruhetag

Mesón Ca'n Pedro
Rector Vives 4 y 14
Palma
Tel.: 40 24 79
70 21 62
Mallorquinische Spezialitäten, Gegrilltes. Mittwochs Ruhetag

Ses Covetes
C. Jaime I, 20
S'Alquería Blanca
Tel.: 65 39 03
Bar und Restaurant. Mittwochs Ruhetag

Son Moragues
Valldemosa
Tel.: 61 61 11
Einer der früheren Herrensitze des Erzherzogs Ludwig Salvator, in dem nun gehobene mallorquinische Küche serviert wird

Sa Bona Taula
Calonge, neben der Kirche
Tel.: 16 71 47
Mallorquinische Küche, Reservierung notwendig

Sa Sinia
C. Pescadores S/N
Porto Colom
Tel.: 82 43 23
Berühmt für Fisch und Desserts (Mandelkuchen). Stammlokal des Malers Miguel Barcelo, der auch die Karte gemalt hat

Florian
Bar Restaurant
C. Cristobal Colom 11
Porto Colom
Tel.: 82 41 71
Von den deutschen Geschwistern Florian & Katarina Billig geführt

Colôn
C. Cristobal Colom 7
Porto Colom
Tel./Fax: 82 47 83
Nona von Haeften hat das neue In-Restaurant eingerichtet, Wolf Siegfried Wagner und Sergi Bastidas haben es ausgebaut. Mediterrane Küche mit österreichischem Einfluß

MÄRKTE

Santanyí
Mittwoch- und Samstagvormittag. Gemüse, aber auch Kleidung, Haarspangen und Schuhe. Hier trifft sich ganz Santanyí

Palma
Samstag vormittags ist Flohmarkt in der Avinguda Gabriel Alomar y Villalonga und im hinteren Teil der C. Mateu Enric Lladó

Binissalem
Sonntags kann man hier Gefäße aus Olivenholz erstehen

HOTELS

Hotel Born **

C. San Jaime 3
Palma
Tel.: 71 29 42
Fax: 71 86 18
1993 renovierter Stadtpalast, der unter Denkmalschutz steht

Hotel Formentor *****

Port de Pollença
Platja de Formentor
Tel.: 86 53 00
Fax: 86 51 55
1929 von dem Argentinier Adán Diehl eröffnetes Nobelhotel, das viele Filmstars und Politiker beherbergt hat

La Reserva Rotana

Cami de S'Avall, km 3
Manacor
Tel.: 84 56 85
Fax: 55 52 58
Mallorquinischer Herrensitz aus dem siebzehnten Jahrhundert mit Neun-Loch-Golfplatz und hervorragendem Restaurant (Spezialität: Lammbraten aus eigener Schafzucht)

La Residencia ****

Deià
Tel.: 63 90 11
Fax: 63 93 70
Einrichtung im mallorquinischen Stil. Das Restaurant »El Olivo« ist sehr zu empfehlen

Sa bassa Rotja ****

Camino Sa Pedrera »Finca Son Orell«
Porreras
Tel./Fax: 16 82 25
Idyllisch gelegenes Landhotel mit drei Greens, zwei Tennisplätzen, drei Schwimmbecken und Fitneßraum

Hotel San Lorenzo ****

C. San Lorenzo 14
Palma
Tel.: 72 82 00
Fax: 71 19 01
Restauriertes Stadtpalais mitten in Palmas Altstadt. Im romantischen Innengarten befindet sich ein Pool

Es Convent
C. Huertas 58
Pollença
Intimes Luxushotel mit drei Suiten und acht Doppelzimmern in dreihundert Jahre altem Kloster. Ab April 2000 geöffnet!

MUSEEN GALERIEN

Fundació Pilar i Joan Miró
C. Joan de Sardakis 29
Palma
Tel.: 70 14 20
Werke von Miró und anderen Künstlern

Galeria Dr. Joanna Kunstmann
Plaza de Canal 16
Santanyí
Tel.: 16 32 29
Moderne Kunst. Montag bis Freitag 11.00 bis 13.30 und 17.00 bis 20.00, samstags 10.30 bis 14.00 Uhr

La Tafona
Im Hotel La Residencia
Deià
Ständig wechselnde Ausstellungen ortsansässiger Künstler

Museu de Pollença
Guillem Cifre de Colonya S/N
Pollença
Tel.: 53 11 66
Öffnungszeiten: Im Sommer von Dienstag bis Samstag 10.00 bis 13.00 Uhr und 17.30 bis 20.30 Uhr, im Winter von Dienstag bis Sonntag 11.00 bis 13.00 Uhr (montags und an Feiertagen geschlossen). Hier ist das Mandala des Dalai Lama ausgestellt

Die Werke der im Buch vorgestellten Künstler sind am besten nach telefonischer Voranmeldung in ihren Ateliers zu sehen und zu kaufen

R. T. Leimbacher, Ses Salines,
Tel.: 18 11 55

Julien Meunié, Llombards,
Tel./Fax: 16 33 55

Peter Phillips, Calonge,
Tel./Fax: 83 72 45

Ferran Aguiló, Campos,
Tel.: 18 39 46

Rolf Schaffner, über
Agentur Nora Braun, Köln,
Tel./Fax: 0221 – 46 56 70

Rolf Knie, Artá,
Tel./Fax: 83 37 06

Margarita Escalas, Portol,
Tel.: 79 26 91

Mati Klarwein, Deià,
Tel./Fax: 63 92 81

Guillem Llabres und Lurdes, Palma,
Tel.: 72 26 91

GESCHÄFTE

Alpargateria La Concepcion
Palma
Calle Concepcion 47
Gegenüber der Bodega Santurce
Hier gibt es ›Espardeñas‹, bei uns besser bekannt als ›Espadrilles‹ in allen möglichen Variationen

Artesania Textil Bujosa
C. Bernardo Santa Eugenia 53
Carretera Inca
Santa Maria del Cami
Tel./Fax: 62 00 54
Spezialist für die wunderschönen mallorquinischen ›Telas de lengua‹ oder auch ›Zungenstoffe‹, ob aus Baumwolle, Leinen oder Seide. Vom 27. Juli bis 24. August nur mittwochs!

Bodegas Suau
C. Cabana 12
Pont d'Inca
Tel.: 60 08 02
Edler Brandy in vielen Sorten und Jahrgängen. Degustation!

Coconut Company
Manacor
Ctra. Palma-Artá, km 48
Tel.: 55 52 57
Bambus-Möbel von den Philippinen, aus Indien und Thailand, Sessel im Kolonialstil, aber auch Paravents und Teppiche

Forn des Teatre
Plaça Weyler 9
Palma
Die Jugendstilfassade dieser Bäckerei ist wohl eine der meistfotografierten Palmas. Hier gibt es die traditionellen ›Ensaimadas‹. Laut Legende kommt derjenige, der das schneckenförmige Gebäck ißt, wieder nach Mallorca

Islas
C. Luis Salvador
Deià
Mallorquinische Handwerkskunst sowie exotische Gegenstände und Kleidungsstücke

Menestralia
Landstraße Palma – Port d'Alcúdia, km 36
Tel.: 87 71 04
Mundgeblasene Gläser nach römischen Vorbildern

Muntaner, Toni
C. Palma 13
Santanyí
Tel.: 16 33 77
Antike Türen, Terrakottagefäße und fernöstliches Kunsthandwerk bekommt man bei Toni nach telefonischer Voranmeldung

Nexus
C. Luis Salvador
Deià
Tel.: 63 93 10
Asiatische und südamerikanische Kleidung

Olleria Ca'n Vent
C. Trinidad 39
Portol
Töpferwaren, z. B. die klassischen mallorquinischen ›Siurells‹ – grün-rot bemalte weiße Tonfiguren, auf denen man pfeifen kann

Sa Fonteta
Inmaculada Jorge
Plaza Font del Gall 6
Pollença
Tel.: 532 460
Mobil: 608 09 48 24
Spanische Antiquitäten, restaurierte Möbel

Unicorn
Carretera Palma-Artá, km 48
Manacor
Tel.: 55 56 62
Möbel (z. B. nachgebaute mallorquinische Betten), Wohnaccessoires und Stoffe – wer seine Finca einrichten will, wird hier fündig

Ceràmiques de Santanyí
C. Guardia Civil 22
Santanyí
Tel.: 16 31 28
Keramikgeschirr mit alten mallorquinischen Motiven oder mit Lüster-Glasur nach spanisch-arabischer Überlieferung aus dem fünfzehnten und sechzehnten Jahrhundert

GÄRTEN

Alfàbia
Ctra. de Sóller, km 17
Vor dem Tunnel nach Sóller
Montag bis Freitag 9.30 bis 17.30 Uhr, Samstag 9.30 bis 13.00 Uhr
Einzig erhaltener arabischer Garten mit eindrucksvollem Bewässerungssystem an der Straße von Palma nach Sóller

Hortus Balearicus
Cuartel 1
Santa Maria del Cami
Tel.: 62 02 79
Wer einen Garten anlegen möchte, findet in Lord Latymers Baumschule viele dekorative und seltene Pflanzen

ORTE